历史原来这么有趣 · 汉朝卷

仁义之君
刘 备

墨香满楼 著

中国铁道出版社有限公司
CHINA RAILWAY PUBLISHING HOUSE CO., LTD.

内 容 简 介

刘备虽是汉朝的皇室，然年少家贫，早年曾卖过草鞋，织过草席，后来起兵起兵于乱世，争霸于群雄，最终建立了蜀汉政权，成为一代开国皇帝。从一无所有到三分天下，他完成了那个时代最华丽的转身。

沧海横流，方显英雄本色。乱世中的刘备，并非人们所传的好哭胆小之辈，也不是假仁假义之辈，而是一个有梦想、有担当、有家国大义的好男儿。

英雄辈出的三国历史，因为有了刘备，更觉精彩。

图书在版编目（CIP）

仁义之君刘备 / 墨香满楼著 . —北京：中国铁道出版社，2016.2（2021.9重印）
（历史原来这么有趣·汉朝卷）
ISBN 978-7-113-21007-6

I.①仁… II.①墨… III.①刘备（161～223）—传记 IV.① K827=362

中国版本图书馆 CIP 数据核字（2015）第 236051 号

书　　名：	历史原来这么有趣·汉朝卷 **仁义之君刘备**
作　　者：	墨香满楼

策划编辑：	祝　松　编辑部电话：010-51873038　电子信箱：wenyang211@163.com
责任编辑：	徐丽娜
封面设计：	陆　仁
责任校对：	王　杰
责任印制：	赵星辰

出版发行：	中国铁道出版社有限公司　　　　（100054，北京市西城区右安门西街 8 号）
网　　址：	http://www.tdpress.com
印　　刷：	三河市燕春印务有限公司
版　　次：	2016 年 2 月第 1 版　　　2021 年 9 月第 2 次印刷
开　　本：	710 mm×1 000 mm　1/16　印张：14　字数：183 千
书　　号：	ISBN 978-7-113-21007-6
定　　价：	42.00 元

引 子

由于文学名著《三国演义》的广泛传播，三国时期蜀汉政权的创建者刘备，在后世获得了很高的知名度。同样是蜀国之主，五代时期的前蜀王建和后蜀孟昶等人却被埋没于史籍中，鲜为人知。这说明文学的力量是很强大的。

然而，人世间的事，有一利则有一弊。刘备虽然托了《三国演义》的福，出了大名，但同时，也被三国演义的作者罗贯中给艺术化了，失去了原来的真面目。原本一个乱世中的英雄人物，却被描绘成一个动不动就哭、一打仗就跑的形象。民间甚至经常用"哭刘备"来形容爱哭的小孩子。

试想，在那个战火纷飞的年代，一个爱哭的懦弱之人，怎么可能有魅力聚拢起一大批文武贤才，从一个卖草鞋的穷小子成为一个三分天下成就霸业的帝王？

当然，这事也不能全怪罗贯中。毕竟小说不是历史，文学家不是史官。史官写史，要实事求是，如实记述。而文学家的创作，就没有这么严格的限制，基本上是想怎么写就怎么写。正好罗贯中本人的政治立场是拥戴刘备反对曹操的，因此就在《三国志》的基础上随意发挥了起来。结果就出现了这样的失误——"至于写人，亦颇有失，以致欲显刘备之长厚而似伪，状诸葛之多智而近妖。"（鲁迅《中国小说史略》）

意思是，罗贯中本来是想显现刘备的忠厚仁义，结果用力过猛，让人觉得有点假了。本来是想刻画诸葛亮足智多谋的，结果把别人的计策和呼风唤雨的事都安在了诸葛亮头上，导致诸葛亮像个妖人。

也正因为如此，后来的很多学者，在跟风翻历史案的时候，都把刘备说成是个假仁假义的政治骗子。

这无疑是对刘备的又一次歪曲。因为自古文学家搞创作，多会移花接木，会借题发挥，但很少会颠倒黑白。因为想把一个白的说成黑的，就得进行大量的抹黑工作。而想把一个黑的说成白的，更需要大量的洗白工作。这些工作都是吃力不讨好的，是很容易就会被拆穿的，所以文学家们不会自讨苦吃。他们只会顺着人物原型的方向去创作。罗贯中虽然夸大了刘备的仁义，但至少说明，相比其他人来说，刘备是仁义的，他有被夸的资本。

是的，拨开历史的重重迷雾，我们会发现：

真实的刘备，不是一个爱哭鼻子的胆小鬼，而是一个百折不挠、意志坚定、知人善任的英雄。

真实的刘备，不是一个假仁假义的政治骗子，而是一个待人忠厚、以天下为己任的君子。

真实的刘备，不是被人任意涂抹的画像，而是一个有血有肉的人。他正站在历史的迷雾中，目光炯炯，等着我们穿过去，和他对视。

目 录
Contents

第一章　英雄不问出处　有志不在年高

公元 161 年，三国时期著名的英雄人物刘备，出生于涿郡涿县（今河北涿州）的楼桑村里。作为一个村民，刘备的出生平淡无奇，不仅没有红光满室，也没有母亲怀孕的时候梦日入怀等异象，甚至我们连他到底是冬天出生还是夏天出生的都不知道，历史对此没有记载。

这事毫不奇怪，在浩瀚的历史长河里，刚刚出生的刘备就如沙滩上的一粒沙。史官没有兴趣去发现他，他们有更多的大事要去记载，比如这一年皇帝又纳了几个妃子，哪个大将又在边疆立了功等。

至于刘备，只是万千平民子弟中的一员，记录他毫无意义。

历史是一个有着奇怪爱情观的"姑娘"，你影响了她，改变了她，甚或是伤害了她，她才会记得你。否则，她只会对你不理不睬。

而刘备，显然是摸透了历史这个"小姑娘"的心思，也知道跟"她"谈恋爱的套路，他毅然改变了她。作为回报，历史也记住了他。在他去世的时候，史书上留下了一个非常确切的日期：公元 223 年 4 月 24 日。

从出生到死亡，从平凡到伟大，从默默无闻到名留青史，刘备这一生，完成了巨大的转变。事实上，他就是跟历史谈了一场恋爱，在心高气傲的历史面前，刘备只用这一句告白词就俘获了"她"的芳心。

不要小瞧我的出身，我是一个英雄，我会改变你。

爷爷当过县太爷

其实刘备的出身，虽然贫寒，但并不低微。说起来，人家还是正儿八经的皇族后裔，是刘邦的后人。

据正史《三国志》记载，刘备是汉景帝之子中山靖王刘胜之后。刘胜的儿子刘贞，当年被封为涿县的陆城亭侯，后来因为犯事被免除了爵位，但他这一支却在涿县繁衍下来。等到东汉末年的时候，已经算不清有多少子孙了。这导致刘备虽然是帝室之胄，但是没有多少实际意义，因为放眼望去，遍地都是他这样的刘姓族人。帝室之胄这个称号，只有政治意义，而没有经济意义；只在他打天下的时候有用，解决不了当前的贫困问题。

刘备的爷爷叫刘雄，曾被举为孝廉，后来官至东郡范令，做到了一个县的最高长官。爷爷的官能做到这种地步，说明刘备家虽然谈不上是显赫的皇室，但也是官宦家庭，按照现在的标准划分，刘备是个标准的官三代啊。包括刘备的爹爹刘弘，也在政府里任职，虽说官不大，史书上没有明说，但是那个年代的公职人员，大小都是个官，与现在的公务员不能比。只不过刘弘死得太早，刘备出生不久，他就离开了人世，所以刘备才沦落到卖草鞋的地步。

在此，要跟大家说明一下，刘备爷爷那个东郡范令是怎么得来的。

举孝廉是汉武帝时期确定下来的一种选拔人才的制度。所谓孝，就是孝顺，所谓廉，就是廉洁。因为汉朝以"孝"治天下，汉朝的统治者认为，只有对爹妈孝顺的人，才会对国家忠诚，一个人只有孝顺了，才具备做官的资格，才可以为民之父母。汉文帝和汉景帝都是有名的大孝子，整个汉代四百年，除了两汉的开国皇帝刘邦和刘秀之外，所有皇帝的谥号前都加上一个"孝"字，比如汉文帝就叫孝文帝，汉武帝就叫孝武帝。可见汉朝对于孝是多么重视。

但是光孝顺不行，还得廉洁，否则你以孝之名，把国家的东西都搬回家给爹妈用，那还了得。所以廉洁也是很重要的。孝，是为了让你忠于朝廷；廉，是为了让你不祸害朝廷。有了这两个标准，其他的就不重要了。至于能不能干，还在其次。

要说这个制度的出发点是好的，许多在当地有名的大孝子都因此入朝为官，不仅为官场注入了正气，也引导了百姓们孝顺父母的风气。但是"上有政策，下有对策"，也有许多官员把持着这个选拔制度，相互推举。比如你为太守，我是御史，咱俩关系好，你今年推举我儿子为孝廉，我明年推举你儿子。官与官之间相互勾结。也有官商勾结的，比如某个大商人，有钱，但是没有政治地位，就贿赂负责选拔人才的郡国长官，把自己儿子给推举上去。当然，这种社会乱象一直存在，并不是古人的独特发明。

还有一些人丑态毕露，平时根本不是孝子，因为家里势力大，察举官不得不去他家察看，他就在那天把老母亲抬到院子里，当着察举官的面，给母亲洗脚。但是等人一走，就不管了。

在桓帝、灵帝时社会上流行这样一首童谣："举秀才，不知书。举孝廉，父别居。寒素清白浊如泥，高第良将怯如鸡。"

一群不识字的秀才、把自己爹赶出家门的儿子、像一只鸡一样瑟瑟发抖的将军，这便是东汉末年举孝廉所举出的人才。也怪不得大汉帝国要灭亡了。

当然，我们要相信，刘备的爷爷不是这样的人，他是一个真正的大孝子，一个廉洁奉公的人。只不过，他这个县官，并没有给刘备带来什么。

我为天子，当乘此车盖

刘备出生以后不久，父亲就死了。这个做小官的爹，给刘备留下的印象并不深。父亲有时候下班路过集市，会给他买个小玩具，或者带点好吃的零食；有时候趁着休假，让他骑在自己脖子上，父子俩一起去野外看远处的风景，父亲教他认识鸡鸭鹅牛，车马船舟。刘备觉得，爹爹这个高大男人，无所不能，无所不知，是世界上最厉害的人。

但是突然有一天，这个世界上最厉害的人躺在了地上，不会说话了。他不知道自己的爹死了，也不知道害怕和无助，他只是非常想念这个人说话的样子，他希望可以再次趴到他的背上，感受那种温暖，看远处的风景。

他呆呆地站着，看着正坐在地上痛哭的母亲，突然感到无比失落。像是仅有的一件玩具被人夺走了。

父亲死了以后，家里就失去了顶梁柱。当时的社会，妇女根本没有出来工作的资格，所以刘备的家庭状况一落千丈，一下子从小康生活陷入困顿的状态。为了维持生计，刘备的母亲只好带着他一起编草席和草鞋，拿到集市去卖。

那时候的集市，虽然没有城管来赶，但是灰尘万丈，环境很差，还得不停地叫卖，一天下来也卖不出几双草鞋。因为富人不穿草鞋，而穷人都会自己编，用不着买。

年幼的刘备，在街头摆摊的日子里，受过行人的冷眼和嘲笑，受过别人的欺辱，人间冷暖，世态炎凉，他都一一饱尝。

但是这些困难也磨练了他的意志，激发了他的斗志，锻炼了他的勇气，使他成为同龄人中的佼佼者，使他变得成熟、少言、沉稳。

对于其他同龄人来讲，刘备身上有一种说不出的魅力和气质，像磁铁一样吸引着他们，让他们觉得可靠、安全、有希望。换句话说，跟着他，有肉吃。

这种领袖素质，让刘备自然而然地成了孩子王。纵然他家境贫寒，只是个卖草鞋的，但是大家依然喜欢跟他在一起玩，听命于他。有些小伙伴甚至还冒着被爹妈打的危险，偷偷从家里拿好吃的给他吃，好玩的玩具给他玩。

这是一种了不起的吸引力，多年后，刘备靠着这种吸引力，身边又多了一群大伙伴，这些人甘愿跟着他颠沛流离，为他上战场厮杀，为他攻城略地打天下。

而这一切，都来源于他卖草鞋的经历。

由此我们知道，年轻的时候吃点苦头，对于一个人的未来，是有很大帮助的。自古雄才多磨难，从来纨绔少伟男。刘备这个伟男子，是从磨难中走出来的，而不是锦衣玉食里养起来的。

当然，说这话还为时尚早。因为此时的刘备，还只是个孩子王。天下孩子王很多，许多孩子在小的时候都有领导能力，但不代表他们将来都能成就非凡的功业。

因为大的成就，还需要其他必备条件。这个在刘备以后的成长过程中我们就会看到。

且说孩子王刘备整日在家卖草鞋，闲暇时就在村子里带着一群孩子玩。刘备家的房子东南角，有一棵十几米高的大桑树，童童如车盖，有一个看相的从此处过，十分惊异地说，这家肯定会出贵人。

桑树的树荫很大，刘备经常带着小伙伴们在树下玩。有一次，刘备突然对着几个手下小弟说，我要做天子，这棵大桑树就是我的车盖。到时候都封你们当王侯！

刘备这话虽然是小儿之言，但是却把旁边的叔叔刘子敬吓了一跳，子敬慌忙对他说，你别胡扯，小心咱们被灭门了！

但是斥责以后，刘子敬看了几眼刘备，忽然觉得这个侄子很不简单。因为就算是吹牛，就算是小孩子之间的玩笑话，为何是他说了出来，而不是其他的孩子？

在刘子敬看来，侄子刘备，是个异人，将来肯定不简单。

在那个年代，人们往往习惯于把一个鹤立鸡群的人说成是天生异相，把他的才能归结于天赋。不可否认，刘备的出众的确有先天的成分在，但更多的是卖草鞋的苦难经历让他迅速地成长了起来，让他比其他孩子更渴望成功，渴望强大，渴望给母亲幸福安定的生活，因而志存高远，异于常人。

道家云，福祸相依。刘备幼年丧父，可谓是人生之大不幸。但是磨难也让他早早地成熟起来，学会为一个家庭担当重任，这反而成就了他。试想，如果刘备的父亲安在，刘备在父亲的爱护下，像其他孩子一样正常地成长，那么他有可能会成为一个凡人，虽然多了一些幸福，但也会变得平庸。在太平盛世，他会好好地生活下去，但是适逢乱世，他的命运就会被时代的潮流所裹挟。而没有了父亲的刘备，却学会了更加坚强地成长，进而在乱世里，掌握自己的命运，甚至掌握了别人的命运，成就了一代帝业。

感谢磨难，让一个卖草鞋的小男孩真正地成长起来。从担当一个家庭的重任，到担当天下的重任。相信在不久的未来，他的名声和成就，必将如同他家旁边那棵大桑树一样，直入霄汉，让世人仰望。

恰同学少年

十五岁那年的一天早上，刘备像往常一样，拿着母亲连夜编织的草鞋准备到街上摆摊，却遭到了母亲的制止。母亲说，别去摆摊了，去上学吧。

刘备丢下怀里的草鞋说，去上学？家里哪有这么多钱？

母亲说，钱的事儿你不用管，自从你爹去世以后，我一直在攒着，这么多年了，也该够了。你尽管去上学，给先生的束脩是不会少的，只不过你生活上要节约一点。

刘备喜出望外，爽快地说了声好。

其实刘备并不喜欢读书。他以前就上过私塾，先生在上面讲课，他也不好好听。但是他很喜欢学校那个氛围，因为只要他在学校里，周围有许多同学，他就会成为核心人物。大家簇拥着他，像众星捧月一般，那种感觉真好。

于是刘备带着母亲攒下的盘缠，和同族的一个堂弟刘德然一起拜在当时的大学问家卢植门下，学习经书典籍。刘德然的父亲是刘元起，是刘备的同族叔父。他看到刘备家庭困难，就经常资助刘备，给刘备买的生活用品与自己的儿子刘德然是一样的。刘德然的母亲就不高兴了，说，我们各是各的家，资助一两次就行了，哪能经常给他！

刘元起说，刘备不是一般人，将来会光宗耀祖的，咱们要把目光放得长远一些。

刘备的老师卢植，是东汉末年著名的儒学大师。他志向远大，能文能武。少年时曾经师从大儒马融。马融是皇室的外戚，家中十分有钱，他为人豁达，不拘一格，虽是大儒，讲课的时候却没有那么多规矩，一边讲课，一边让舞女在旁边跳舞，环佩叮当，活色生香。下面的学生们都心猿意马，频频偷看，而卢植在马融家学习三年，从未看过舞女一眼。

因此马融对卢植这个学生相当敬佩，把毕生学问，倾囊相授。而卢植天资聪颖，学习能力也强，很快就成长为一代大儒。后来跟蔡邕一起在东观校勘儒家经典，续写《汉记》，并且著有《尚书章句》、《三礼解诂》等，学术成就引人瞩目。

当然，马融的另一个学生，卢植的师兄郑玄，学术成就更为了得。郑玄十二三岁的时候就可以为大人讲解儒家经典，后来还遍注群经，为《周易》、《尚书》、《诗经》、《礼记》、《论语》等做了全盘的注释，成为后世儒生研习儒家典籍的主要教科书。郑注一直代表着注释经典的最高水平。

有这样的师门，刘备如果用心学习的话，将来成为一个儒学方面卓有建树的人，是完全没问题的。但是刘备偏偏不喜欢读书，他没有像一般的寒门子弟一样，好不容易得到一个读书的机会就发奋读书，而是像一个富家公子一样，喜欢穿着华美的衣服，斗鸡遛狗，过着浪荡不羁的生活，没事就旷个课，到街上溜达，或者是去听歌舞女演奏。

按理说，以刘备的经济条件，卖草鞋的出身，他是连一件时髦的衣服都买不起的，更何况是去听音乐会。他的钱是从哪里来的？

答案是，同学给的。

前面说过，刘备在卖草鞋的时候，锻炼了自己的意志、毅力，培养出一身领袖气质。这种从小养成的领袖气质让刘备获益良多。在卢植门下学习的时候，同学中间凡是有钱的，都喜欢跟刘备结交。赞助他零花钱，请他吃喝玩乐。

辽西人公孙瓒，出身贵族，跟刘备是同门师兄弟。两人意气相投，结为知己。公孙瓒就经常赞助刘备零花钱。

而且刘备天生一副异相，《三国志》上说他"身长七尺五寸，垂手下膝，顾自见其耳"，《三国演义》则把他的耳朵进一步加工，说是"两耳垂肩"。

身长七尺五寸，不算稀奇，但是双手过膝，这手臂也太长了点儿，恰似猿猴一般。放到现在，如果他爱打篮球，肯定是一个灌篮高手。

至于两耳垂肩，自己能看见自己的耳朵，就太不可思议了。我们猜想一下，如果这耳朵是顺着长的，那只能往后长，眼睛怎么能看到？除非是长了一副招风耳，跟脑袋是垂直生长，而且必须很长，才可以用眼睛的余光看到一点，但是那样跟妖怪有何区别？

要是这耳朵再垂到肩膀上，那就更恐怖了，那耳垂得多大啊。电视上为了显示如来佛祖的宝相庄严，特意把他的耳垂做得很大，但也没有垂到肩上。佛祖尚且如此，更何况是刘备。

因此，史书上对刘备的长相一定是夸大了。

但是，空穴不会来风，史官不会无缘无故地把刘备描写成这样一副模样。既然这样写了，说明刘备肯定是有些异相的，只不过手臂可能没那么长，耳朵没那么大，比常人大一些而已。

这也算是刘备的特点之一了。如果我们在路上看到一个人双手垂在膝盖下，耳朵很大，我们也会觉得他与众不同，会忍不住多看几眼，如果再有人在旁边神神秘秘地吹嘘一下，说此人天生异相，以后肯定会如何如何，我们肯定也会有几分相信。

因此，一副奇怪的长相，也给刘备增加了些许凝聚力。

而最重要的是，刘备宅心仁厚，对仆人或者是生活在社会底层的人们很尊重，虽然自己是公子哥派头，但从不颐指气使。这是一种很高尚的德行。我们在谈论一个人的能力的时候，一定要同时注意他的品格。孔夫子曾经说过："虽有周公之才之美，使骄且吝，其余，不足观也矣。"意思是，就算是一个人有周公的才能，但是他骄横无礼、吝啬小气，那这个人也没什么值得看的了。

而刘备，显然是一个既有才能又有德行的人。

在那个时代，唯有这样的人做了帝王，才可以给苍生带来幸福。否则即便是他有秦始皇统一六国的能力，但是统一之后滥用民力，使百姓苦不堪言，敛天下之财，享一人之乐；聚天下之力，成一己之功，那要这样的皇帝又有什么意义呢？

路是走出来的

却说刘备在同学们的赞助下优哉游哉地过着快乐的生活。当时能够上得起学的，尤其是能拜卢植这样的大学问家为师的同学，家庭条件都很不错。刘备的同门师兄弟里面，有不少人都是贵族子弟，或者家里是一方豪强。这些人被刘备的魅力所折服，纷纷与刘备结交。在这个贵族圈子里，贫寒出身的刘备，不仅没有被边缘化，反而得到了大家的热烈拥戴。

不得不说，这是一种非凡的能力。换作他人，且不说在里面游刃有余了，估计早已自卑得抬不起头了。

在涿县的富二代官二代少爷圈子里，草根刘备混得风生水起。

但是没过多久，他的好日子就终结了。

原因是，他们的老师卢植先生，被政府调到了前线去打仗，不能再教书了。那个时候，又没有留校自学这一说，老师一走，学生们只能解散。

一旦这个群体解散，刘备这个学生王就成了光杆司令，地位一落千丈。他的魅力，失去了用武之地。他的老师卢植，去庐江镇压少数民族的叛乱，擒住了贼，便立了功；他的同学公孙瓒，虽然是小妾所生，没有被举为孝廉，但是靠着这么大的家族，回去最起码也能进政府部门当个公职人员，再一步步谋发展；而刘备自己，回到自己村子里，依旧是个卖草鞋的，别无选择，没有出路。

这让他沮丧不已。

回到家里闷闷地待了几天，听了母亲的几句唠叨以后，刘备决定返回涿县，在县城里寻找机会。他知道卖草鞋是不可能出人头地的，待在楼桑村更不行，人只有走出去，才能找到路。

鲁迅先生曾经说过一句名言：世上本没有路，走的人多了，也便成了路。

这句名言的得来，是因为鲁迅曾经看到过一块荒地，本来是没有路的，但是人们为了贪近，走便道，就生生从这里踩出一条路来。

这种情况在生活中随处可见。许多城市的小区里、农村的田野里，都有这种小路。人们放着好好的大路不走，为省几步路，就斜着踩出一条路。

为此损害了不少花草植物，甚至踩坏了庄稼。

但这句名言的中心思想不是为了谴责这些人不守规矩、破坏环境，而是为了说明一个道理：不管大路小路，都是人走出来的。

敢问路在何方？路在脚下。

刘备也深知这个道理。因此他在家没有停留几天，就毅然来到了县城。

果然，有着超强吸引力的刘备，就适合在人多的地方发展。他刚进县城没几天，就被人看上了。

中山人张世平和苏双，是两个马贩子，非常有钱，带着千金来到涿县买马。贩马这个名头，听上去好像很低端，比卖草鞋高级不到哪去。但事实并非如此。在古代，科学技术相对落后，种地主要靠牛，交通运输就主要靠马，马的作用非常大，相当于现在的汽车。所以这两个马贩子，其实是两个卖"汽车"的。而且一旦打起仗来，马更是骑兵们不可缺少的战具，其重要性相当于现在的坦克。所以我们甚至可以说，这两个商人，是两个军火商。

但是，无论你是什么商，在那个时代里，士农工商，商人都是社会地位最低的那类。纵然你腰缠万贯，也不大有人看得起你。

所以，很多商人都在发财之后，想办法让自己的后代走上仕途，或者千方百计地跟当官的扯上关系，以谋求政治上的发展。

张世平和苏双也不外如此。他们发了大财，但是没得到人们的尊重，心里十分憋屈。因此一边在寻找商机，一边在寻找可以帮助他们提升社会地位的对象。而商人的嗅觉是非常灵敏的，否则他们就不会在变化万千的市场中准确把握商机，大发其财。

而刘备独特的气质、怪异的长相，时刻都在散发着潜力股的芳香，当然一下子就被张世平和苏双嗅到了。

史书记载，张世平和苏双二人，"见而异之，乃多与之金财。"

古人写东西，都讲究用词精炼，因为纸张得来不易，再早的时候，字还都是写在竹简上面的，制作一套竹简非常繁琐，所以写字的时候不精简都不行。再加上汉字这种文字本身就博大精深，所以史官在写史的时候，很多地方，就一笔带过了。而这也导致了后人在看历史的时候，错过了很多细节。

比如在这个地方，《三国志》里"见而异之，乃多与之金财"，给人的感觉好像是，张世平和苏双二人看到刘备，认为他是个异人，就立马给了他很多钱财。

这肯定是说不通的。商人重利，一生都在为钱财奔波，就算是有钱，也不会大街上看到一个长相奇怪的人就上去给他钱。从看见刘备到给刘备钱，中间肯定有一个过程。两人看到刘备，势必会以交朋友的名义将他邀请到一家酒馆里，三人边喝边聊，席间也会观察刘备的谈吐举止，看他是否有远大的志向，尤其是从政的志向，然后才决定要不要给他投资。而不是慨然地塞给刘备许多金银。

当然，这其中的细节，《三国志》的作者陈寿先生也可能不了解，或者觉得无需着墨太多，只要写出刘备有独特的吸引力，有人愿意给他送钱就行了。

但作为后人，读到这段历史的时候，要弄明白，这并不是简单的侠义之举，而是两个商人在搞政治投机。

只有这样深入到文字的背后去，我们才能看到最真实的历史。

刘备在酒馆里，向这两个马贩子"军火商"吐露了心胸，表达了自己壮志难酬的尴尬处境，两人认为，此子奇货可居，应该在他落魄的时候帮他一把。

于是刘备得到了大量的钱财。

拿着这些钱，刘备开始在涿县县城里四处交友，很快就再次聚集一大堆朋友。在这一帮朋友中间，有两个响当当的人物，日后成为刘备打天下的主力干将，他们就是与刘备义结金兰情同手足的关羽、张飞。

桃园三结义

关羽，字长生，后改为云长，河东解良（今山西运城）人。因为在老家替人报仇，杀了一个豪强，就逃到了江湖上，辗转来到涿县，然后遇见了刘备。

在江湖上逃命的日子并不轻松，缺吃少穿，风餐露宿，提心吊胆。虽然那个时候没有摄像头和监控，但是有画像，上面画着通缉犯的模样。关羽为了不被认出来，都不敢往人多的地方去。好不容易等风头过去了，身上的盘缠也快花光了。一分钱难倒英雄汉，为了能吃口饭，关羽不知道受了多少人的白眼。一个为朋友两肋插刀的人，落到这个地步，关羽心里有说不尽的委屈。

而刘备，把他的所有委屈都化解了。

刘备在与关羽相识后，食则同桌，寝则同床，吃住都在一起，亲密无间。刘备的态度让关羽感动不已，士为知己者死，他决定此生就追随刘备，为他赴汤蹈火，以报答知遇之恩。

而张飞跟关羽不一样。张飞是涿县人，跟刘备是老乡。张飞家是地主，世世代代都住在涿县，家境比关羽好太多了。早在刘备拿着马贩子给他的钱在涿县四处活动的时候，就结识了张飞，两人就建立了坚实的友谊。因此张飞比关羽要早认识刘备。后来关羽来了之后，三个人意气相投，就结为兄弟。

关于三人是如何结义的，名著《三国演义》的作者罗贯中先生为我们虚构了一个美好的故事。这就是流传千古的"桃园三结义"。

话说东汉末年，张角兄弟率领黄巾军起义，各地群盗蜂起，天下大乱。朝廷赶紧广发通告，招募天下勇士，剿灭黄巾军。各郡县都贴了榜文。这一天，刘备起得早，到县衙门前闲逛，看到了县衙张贴的招募榜文，心想，前几日就听说黄巾军势力甚大，动摇汉家江山，我自己本是皇族的一员，也一直想找个机会建功立业，这正是大好机会。可惜自己势单力薄，无人相助，又不能独自一人上战场杀敌，唉！

正哀叹间，忽然听到身后有人大喝一声道，大丈夫生于世间，就该为国出力，为何唉声叹气，作此女儿之态？

刘备扭头一看，看见一条大汉，身高八尺有余，浓眉大眼，声若洪钟，体若猛虎。刘备感觉这人相貌非凡，就先作揖，然后问道，敢问仁兄高姓大名，是何方人士？

大汉道，吾乃张飞是也，字翼德。家就住在涿县，是本地的一个地主，有良田数顷，同时杀猪卖酒，颇有家业。兄长是谁，何故在此长叹？

刘备说，我本是高祖的后代，姓刘名备，字玄德，素来都有报国之心。看到如今黄巾军横行天下，我本有心杀灭他们，却恨自己孤掌难鸣，独木难支，所以才发出长叹。

张飞说，我刚才看了榜文，也有这念头。我家里有钱粮，不如我出钱招募乡勇，跟兄长一起共聚大义，你看怎么样？

刘备大喜说，好好，仁兄真乃忠义之士也！

说着，两人看到彼此志同道合，就相携来到城外村中一家酒馆里饮酒。准备痛饮一番，互诉衷肠。

刚喝了几杯，只见外面有一人推着小车，走到店门前，将车撇在一边，进屋坐下，便喊酒保，快给我斟酒，我要喝了酒进城投军。

刘备看那人，身高一米八多，枣红色的面容，下巴处长髯飘飘，丹凤眼，卧蚕眉，威风凛凛。刘备感觉这人不是一般人物，就赶紧邀请他同坐，然后问其姓名。

那人说道，我姓关名羽，字长生，后改为云长，河东解良人。因为本处有一个豪强仗势欺人，欺压百姓，我看不惯，就把他一刀杀了，然后逃在江湖之上，距今已经五六年了。听说这里正在招军，所以就前来应募，希望能够在战场上建功立业。

刘备听了和张飞相视一笑，说，我们俩也是这么想的。

关羽大喜说，当真？那我们就一起去投军吧。

张飞说，投军之事，兄长不必着急。敝庄离此处不远，两位兄长可以先到寒舍一叙，从长计议。

三人喝完酒，一同来到张飞的庄上。张飞说，今天天色已晚，等明天我们早起，到庄子后面的桃园里，那里桃花开得正盛，我们一同祭拜天地，结为生死兄弟，二位兄长觉得怎么样？

第一章 英雄不问出处 有志不在年高

13

刘备和关羽齐声道，如此甚好！

于是当晚就在张飞庄里歇了。第二天一大早，张飞命令庄客备下乌牛、白马等祭礼，然后与刘备、关羽一起来到桃园里。三人焚香祷告，跪在地上，对着天空一起发誓：

"念刘备、关羽、张飞虽为异姓，既结为兄弟，则同心协力，救困扶危，上报国家，下安黎庶。不求同年同月同日生，只愿同年同月同日死。皇天后土，实鉴此心；背义忘恩，天人共戮！"

祭完天地，三人就在桃园里杀牛摆酒，请庄客一起喝酒，痛饮一天。然后招募了三百多名乡勇，准备武装起来奔赴前线。

"桃园三结义"的故事在中华大地上流传了上千年，感动了很多后人，给社会带来了正能量。但这种结义形式也被后来的地痞流氓帮派混混们利用，这些小流氓们常常把刘关张奉为楷模，宰一只老公鸡喝血酒，并且嘴里也念着"不求同年同月同日生，只愿同年同月同日死"的誓言，然后一起出去抢劫绑架杀人放火，自以为兄弟之情义薄云天。他们不知道，自己这些所谓的兄弟，跟刘关张有本质的区别，他们是为了自己的私欲，为了钱财而拜把子，而刘关张是为了国家，为了百姓而结义。这两者有云泥之别，不可同日而语。

桃园结义，或者说刘关张兄弟结义，为刘备后来打天下树立了一个与众不同的模式，就是大哥模式。这种以兄弟义气为基础结为一帮的做法，是破天荒的，在中国历史上属于首次，在刘备以前从未有过。当曹操的谋臣武将称他为"主公"的时候，关羽和张飞冲着刘备喊了一声"大哥"。这个格外亲切的称呼，将原本的上下级关系给拉平了，使他们从心理上觉得，自己跟大哥是一家人。大哥的事，就是我的事，就是家事。大哥要打天下，就是我要打天下。所以关羽和张飞对于刘备，不会再出现忠诚危机，因为他们已经连为一体。这种牢固的亲情关系，避免了任何背叛的可能。当曹操和孙权处心积虑地控制或者收买自己属下的时候，刘备却放心地任用关羽和张飞，不会产生任何怀疑。关羽和张飞也自然会卖力地厮杀，像为自己的事业去打拼一样，不用担心刘备卸磨杀驴过河拆桥兔死狗烹。

因此，兄弟情义，是蜀汉政权的精神支柱，是三国乱世里的一抹温情。在那里，我们看到了三个男人在烽火连天的岁月里，彼此相依，共度风雨。

黄巾起义

结义之后，三兄弟就开始招兵买马，准备大干一场。正在这时，一直在暗中观察刘备动向的投资商张世平、苏双二人也得到了消息，他们赶紧带着仆人，赶了一群良马，来到张飞的庄上。多年前的投资，现在总算有回流的迹象了，他们决定再追加一把。

刘备看到两个金主来了，慌忙和关张二人一起出门迎接。三人把张世平、苏双请到屋里上座，摆上宴席，一边喝酒，一边商讨大计。

张世平和苏双表示，我们兄弟二人就是两个贩马的，就会赚点钱，行军打仗不在行，众位义士既然想要为国出力，我们愿意鼎力相助。今天带来了金银五百两，好铁一千斤，还有五十匹好马，都是我们俩亲自挑选的。希望能够为你们的义举略尽绵薄之力。

刘备大喜，一边道谢，一边把物资都收下，送别了张世平和苏双以后，刘备就找来匠人，开始打造兵器铠甲。他自己打造了一套双股剑，关羽打造了一杆重八十二斤的青龙偃月刀，张飞打造了丈八蛇矛。然后把乡勇都给武装起来，共招募了五百余人，雄赳赳地去见太守刘焉。刘焉很高兴，听说刘备跟自己同宗，就认刘备为侄子，让他训练乡勇准备迎敌。

趁着刘备训练的空当，我们先来了解一下他的敌人，也就是东汉帝国的敌人——黄巾军。

说到黄巾军，就要先说这支军队的领袖，张角先生。

张角，巨鹿人，生于东汉末年。他出身贫寒，喜欢读书，非常博学，对于道家阴阳学说和黄老之术颇有研究。在那个年代，识字的人很少，能够把《黄帝内经》和《道德经》研究透彻并且有一定见解的人物，说明他的悟性很高，绝非等闲之辈。而且张角心地善良，靠着自己精湛的医术，四处给人治病。有一天，世外高人于吉碰到了张角，看他悟性高，且心肠好，就送给他一本《太平经》。这是一本道教的著作，里面全是关于阴阳五行、养生治病、谶纬算命、善恶报应的内容。张角得了此书，如获至宝，整日研读。

由于张角经常在外面奔波，对于社会现状十分了解。当他看到这么多人吃不上饭，这么多病人没钱治病的时候，他对政府产生了极大的不满。他认为，这些苦难，都是由朝廷里的贪官污吏造成的，是由黑暗的东汉朝廷一手炮制的。想要解救这些百姓，就必须向朝廷开刀，砍掉他们攫取百姓钱财的罪恶之手。

抱着这样的念头，张角再去研究《太平经》的时候，这本讲究阴阳调和、无为而治的道家著作就被他看出了许多不一样的东西。他从中提炼出许多新的口号和教义，号召人们反对统治阶级的压迫，人人平等，大家不该供养他们，让他们自食其力。并且还从《太平经》的一句经文里——"众星亿亿，不若一日之明也；柱天群行之言，不若国一贤良也"，给自己取了一个称号——"大贤良师"，给自己的教派取名为太平道教。

此后，张角就开始积极地活动起来。他的两个弟弟张宝、张梁，也跟着他一起活动。三兄弟每次给人行医，都会宣传他们的太平道教义，鼓动人们大胆地反抗统治者的统治，反抗压迫。

但是这么做收效甚微。因为人们对于官吏一向是敢怒不敢言，只要日子勉强能过，就不会想造反的事。而且张角兄弟几个的活动范围也很小，宣传工作进行得很有限。

然而，皇天不负有心人，大概是老天爷看到张角四处宣传太辛苦了，就帮了他一把，给了他一个"传声器"——瘟疫。

据史料记载，在东汉末年，中原大地上瘟疫频发。这些在今天看来很普通的传染病，在那个年代，造成了大面积的人口死亡。自汉桓帝开始，发生了不下十次的大瘟疫。每一次都夺去了成千上万人的性命，东汉朝廷对此束手无策，只好任其肆虐。这正好给了张角宣扬太平教的机会。他带着自己的兄弟和弟子，广泛地深入灾区，用自己学来的医术，加上《太平经》

里面神奇的咒语和自制的符水救死扶伤，拯救了很多人的性命。在病人心存感激地向他道谢时，他就不失时机地向他们宣传反对压迫、人人平等的思想观念，并且把治病的方式神秘化，让人觉得他是神仙。

于是，在众多灾民的口口相传中，张角成了一个救世主，一位从天而降的大仙，能带领他们脱离苦难奔向幸福的神人。他迅速地获得了民众的支持，拥有了几十万名信众。他利用自己在信众心目中的地位，把他们严密地组织起来，按照地域划分，把青州、幽州、冀州、徐州、荆州、扬州、兖州、豫州八州的信众分为三十六方，大方一万多人，小方六七千人。每个方设立一名渠帅，也就是头目，直接听他号令。

看着下面的几十万信众，张角知道，此时的自己，已经可以振臂一呼，应者云集了。

反抗朝廷的统治，是一个技术活，想做这份工作的人，必须得有过人的胆量和智慧，因为一旦搞不好，人头就得落地，所以没人会轻易造反。举凡历史上穷苦人造反，比如陈胜、吴广、朱元璋、李自成，都是在走投无路的情况下不得不反。

陈胜吴广是因为天降大雨，走得慢，眼看要迟到了，而迟到就得被斩首。"今亡亦死，举大计亦死，等死，死国可乎？"逃走也是死，造反也是死，都是个死还不如为国家大事而死，这才造了反。

朱元璋是在全家人都饿死的情况下，自己寄居在皇觉寺里求一碗饭吃，结果还被人举报说要谋反，犹豫再三之后才投奔了义军。

李自成则是因为明朝政府裁撤公务员，他在邮政局的工作丢了，没了饭碗，再加上家乡连年闹旱灾，没吃的才不得不反。

种种例子说明，只要有吃的，只要能活下去，没人愿意造反。造反的人大部分都是为了有口饭吃。

但是张角跟他们不同。张角是个赤脚医生，他有一技之长，生活完全没有问题。他造反就是为了推翻腐败的东汉朝廷，为了拯救底层受苦受难的人民。作为一名医生，他认为拔掉东汉政权这颗大毒瘤，杀光这些像寄生虫一样的官吏，是他义不容辞的责任，造反就等同于给一个病人做手术。

既然这病人的病重到了要做手术，那这手术刀要越快越好。

在许多人的观念里，造反是要发动许许多多的人才行。其实不完全是这样。人自然是越多越好，因为人多力量大嘛。但是，只要你的力量足够跟政府军抗衡那么一阵子就可以了，因为你的势头已经引起了其他野心家的欲望，他们也会造反，起来把局势搅得大乱，让政府军顾头不顾尾。如此一来，一个乱世就形成了，毁灭上一个王朝的目标就实现了，剩下的就交给天意，因为新的胜利者将会在后来的角逐中产生。

所以，张角的几十万信众，就足以把汉朝搞得天下大乱。他不需要再去发动更多的劳动人民，因为对于大部分人来说，谁当皇帝都是一样的，我还是做我的农民，种我的地交我的税。别人成王败寇，我管不着。

张角深知这个道理，所以没有再致力于发展信徒，而是紧锣密鼓地准备开工。

起义前，张角做了一番精密的计划。

首先，他为自己的义举想出了一个口号。这个口号，极富道教色彩，与阴阳五行学说密切相关。他认为，汉是火德，火为赤色。火生土，土就能泄掉火的元气，而土又是黄色的。这样生生克克的算了一笔账之后，张角得出了自己的口号：苍天已死，黄天当立。岁在甲子，天下大吉。

以土德来掩火德，以黄色为主，张角指示信徒们都要绑上黄色的头巾，在装饰品上去克制东汉朝廷。

统一了口号和服饰之后，张角并没有立即起兵。他先派马元义在荆州、扬州召集数万人集合于邺城，然后派人到洛阳皇宫，用重金贿赂手握大权的宦官封谞、徐奉，打算搞个里应外合，直接拿下洛阳城，弄死汉朝皇帝自己登基。

但是在起义前的一个月里，张角的一名弟子唐周忽然叛变，跑到洛阳向朝廷告密，朝廷立马逮捕了马元义，将其车裂，并且大力逮捕太平道的教众，还下令追缉张角。张角看大事不妙，再不起义的话，自己搞不好就被抓起来了。于是就把起义日期提前了一个月，在公元184年，也就是甲子年的二月，发动起义。

当是时也，张角自命为"天公将军"，张宝自命为"地公将军"，张梁自命为"人公将军"。三人率领四五十万信众，在七州二十八郡同时发难，攻城略地，烧杀官府，四处抢掠，震动朝野。

由于起义者都头戴黄巾，所以被称为"黄巾"。

汉灵帝平日一味宠信宦官，看到有人造反，慌忙派遣大将军何进率领羽林五营镇守京师，下诏让各地关隘严防叛军，同时派遣中郎将卢植、皇甫嵩、朱儁带领精兵分三路前往镇压。其中刘备的老师卢植教授，率领副将抵达北方战线，与张角主力周旋。

由于起义军声势浩大，许多州郡的父母官望风而降，有的还被强行攻破。朝廷看官军力量薄弱，一时无法剿灭黄巾军，就在全国范围内招募义军，协同官军作战。汉灵帝还命令王公大臣们把自家的好马、弓弩、铠甲都拿出来捐给朝廷，并且将权力下放，允许民间有韬略会打仗的人组织私人武装，进行抵抗。

本来皇权是高度集中的，但是经过张角这么一搅，皇帝或者说皇室的权力就被分散了。如果不允许民间武装力量出现，光靠官军镇压黄巾军，就会格外吃力。而允许民间武装，虽然官军得到了帮助，但是也给很多野心家提供了一个可以称雄的契机。很多人借此机会大力发展自己的势力，后来就产生了强大的割据势力，与朝廷相抗衡。因此，东汉朝廷无论采取什么措施，都已经挡不住天下大乱了。这是一个积重难返的王朝，早已经元气大伤，经过这么一番折腾，就气数散尽了。

但是当时的东汉王朝的当权者已经顾不了这些了，他们只知道要尽快消灭黄巾军，平定当前的局势。至于以后的事情，以后再说。

第二章 只待沧海横流 方显男儿本色

初战黄巾

且说刘备刚练兵没几天，黄巾军就找上门来。黄巾军将领程志远，率领五万起义军，攻打涿郡。太守刘焉就派邹靖带着刘备兄弟三人，统领五百人前去迎敌。

以五百人对五万人，以一敌百，刘焉太守可真是抬举刘备他们的战斗力了。

刘备出城之后，看到百倍于己的黄巾军，便与邹靖商量说，敌军人多势众，不可力敌，只可智取。应该趁其不备，袭杀主将，蛇无头不行，这帮乌合之众自然就退却了。

邹靖听了，点头称是。

两军对阵之后，对方主将程志远就拍马叫阵。程志远最近一直打胜仗，气焰嚣张，又带着五万人来，看到对面才五百人马，就得意忘形，笑得没了眼睛缝儿。结果关羽手起刀落，一刀就把他砍死于马下。起义军纷纷溃逃，刘备等人大杀一阵，抢得无数辎重马匹，得胜回城。

太守刘焉看到刘备旗开得胜，大喜，亲自出城迎接，犒赏军士。

第二天，刘焉接到了青州太守龚景的求援信，说是青州被一大波黄巾军团团围住，形势危急，乞求增援。刘焉考虑到自己这里也刚刚打退黄巾军，指不定什么时候敌人就卷土重来了。因此有点犹豫，就去找刘备商量。

刘备说，我愿意带兵前去增援。

于是刘焉就派邹靖带着刘关张三兄弟，率领五千人马去增援青州。到了青州城外，正好跟黄巾军短兵相接，黄巾军看见青州搬了救兵，便破釜沉舟，奋力出战，刘备等人寡不敌众，退军三十里。

当天晚上，刘备与邹靖商量道，敌人太多了，我们还是得智取。明天将他们引到山谷中去，让我关、张二弟在山里埋伏，杀他们一个措手不及。

邹靖胸中也没什么韬略，全都听刘备的指挥，于是当晚就定下计策来。

第二天，刘备让关羽和张飞各领一千人在山谷的左右侧埋伏，自己和邹靖带着三千人马出战，黄巾军看他们人少，就压了过来。刘备且战且退，把黄巾军引入山谷，然后敲起响锣。两边伏兵齐出，把黄巾军的队伍给截断了。黄巾军猝不及防，方寸大乱。城内青州太守龚景看到援军得胜了，赶紧派兵出城，从背后追击黄巾军，两面夹击，黄巾军大败，青州之围就被解除了。

龚景很高兴，杀牛宰羊犒劳刘备的军队。

吃完庆功宴，邹靖对刘备说，走吧，来了几天了，该回去了。

刘备抹抹嘴，说，你回去吧，我就不回去了。

邹靖惊讶地说，怎么，你要留在青州？

刘备说，不是。我听说我的老师卢植先生在广宗（今河北邢台）跟张角大战，我要去帮助他。放心，我不会带走涿郡的士兵，我只带我自己招募的那五百人。

邹靖无奈，就只好自己带着人马回涿郡了。

其实，刘备之所以会这样做，原因很简单。他很清楚，要想建功立业，就必须干掉大的敌人。地方上这些小蟊贼，打赢他们，也不算什么功劳。况且地方上都有太守，即便是自己出力杀敌，功劳也都是太守的，顶多在奏折里保举一下自己。而到了老师那里就不一样了。老师是在跟张角的主力作战，一旦打败了张角，那就是首功，必然会声名大振。再说老师是一代大儒，文武双全，朝廷栋梁之才。以前跟着他，学的都是文，是典籍，现在跟着他，可以学武，学习用兵之道。盛世修文，乱世习武，这对于自己将来的前途非常有利。

于是，刘备就带着自己的五百人马投奔了卢植。卢植看到自己昔日的学生带着兵来帮自己打仗，很是欣慰，就让刘备在帐下听令。

与曹操擦肩而过

当时卢植带着五万官军，跟张角的十五万黄巾军在广宗对峙。镇压黄巾军的另外两个主力将领皇甫嵩和朱儁，分别带兵与张角的弟弟张宝和张梁在颍川对垒。颍川是秦汉时期的一个大郡，大约在今天的许昌、平顶山一带，离河北很远，战线拉得比较长，卢植就派刘备去跟皇甫嵩和朱儁联系，一起破贼。

刘备就带着自己的本部士兵，到了颍川。

刘备到颍川的时候，三国时期另外一个大人物，也是刘备日后多年的对手——曹操，也到了颍川。

曹操是一个争议很大的人物，有人说他是帮助汉朝稳定局势并且延续汉祚二十年的英雄，有人说他是挟天子以令诸侯的独夫民贼。一般来说，官修史书比较肯定他的贡献，而民间的声音都是骂他的。在民间的艺术作品里，无论是戏曲还是评话小说，曹操都是一个白脸奸臣的形象，奸诈狠毒，刻薄寡恩。

原因是，这厮有一句遗臭万年的名言：宁教我负天下人，休教天下人负我。

其实，曹操并没有说过这句话。按照《三国志》的记载，曹操的原话是，"宁我负人，毋人负我！"翻译得通俗点就是，我可以打你，你不能打我；我可以骂你，你不能骂我；我可以杀你，你不能杀我。虽然原话也有些霸道，但这是曹操个人的为人处世的风格，听到的人，顶多说这家伙不仗义，不能跟他交朋友罢了。

但是经过罗贯中的如椽大笔这么一写，仅仅加上"天下"两个字，性质就完全不同了。再翻译的时候，就成了这样：我可以打天下人，天下人不能打我；我可以骂天下人，天下人不能骂我；我可以杀天下人，天下人不能杀我。

瞬间，曹操被放到了天下人的对立面，成了天下人的公敌。因为这句话狂妄至极，字里行间有一种天下唯我独尊我想杀人就杀人的气息，像极了一个杀人不眨眼的暴君，因此老百姓听到之后都对他恨之入骨。

于是，曹操因为这一句被人曲解的话，而被后人足足骂了一千多年。这个天大的误会，只是因为《三国演义》的作者罗贯中先生看他不爽，政治立场上尊刘贬曹，而恶意给他加上去的。

通过这件事我们得到一个教训，不要轻易得罪一个文人。

当然，曹操本人会被刻画成一个奸臣的形象，说明他本身肯定是比较奸诈的。如果他本身是个正直良善之辈，那作家们就不会无缘无故地把他说成是奸臣，因为要想颠倒黑白，把白色说成是黑色的，那要进行大量的抹黑工作才可以。而作家们不会这么自讨苦吃，他们只会顺应着一个角色的方向去加工。说你黑，最起码你得有点灰。

当然，人都会审美疲劳，历史人物被脸谱化的时间久了，就有人想要将这些人物的脸谱揭下，还原他的真实形象。现在流行重新解读，也称为解构。比如，曹操一向给人的印象是奸诈的，一些人就著书立言，说其实曹操不奸诈，曹操是个大英雄。而刘备，一向给人的印象是仁义的，那些人就提出异议，说刘备其实是假仁义，是个政治骗子。

前有罗贯中先生因为政治立场，而把曹操丑化；后有今之学者，为了标新立异，而把刘备丑化。

这说明，对于历史人物，进行道德批判和定位，是没有太大意义的。因为这里面都饱含了作者的傲慢与偏见。

真正能够对他们做出评价的，是历史本身，是他们创造出的功绩。

以奸诈处世，而能使人心畏服，平定乱世，造福百姓；以仁义待人，而能使人心敬服，天下归顺，海晏河清。此二者，能有多大的区别？

评价两个政治人物，应该主要看他们的政治理想是什么，只要政治理想是一致的，都是为了天下太平、人民幸福，那么对于他们实现目的的手段，就不必过于苛刻。曹操虽然奸诈，但并不是一个整日在家高卧，玩弄权术的政客，而是一个实干家，他扫灭群雄，统一北方。如果任由那些人打来打去，百姓的日子自然不会好过。刘备虽然仁义，但也不是欺世盗名，他一生都在致力于恢复汉朝的大一统局面，并且为此辗转奔波。

撕掉奸诈和仁义等肤浅的标签，我们才能接近这两个人的本质。我们会发现，奸诈也好，仁义也罢，都不足以概括他们的一生。因为这是两个有着远大理想并为之奋斗一生的人。

而在颍川，这两个理想主义者差点就碰面了。

刘备还未到颍川的时候，曹操带着五千马步军已经到了。曹操是个官二代，早年被举为孝廉，黄巾起义之后，拜为骑都尉，是吃皇粮的人。而刘备还只是个混饭的。曹操到颍川之后，正碰到张梁和张宝被皇甫嵩和朱儁设计用火攻，杀得四散而逃，曹操就赶紧象征性地见了一下皇甫嵩和朱儁，就带兵追赶去了。因此刘备没能跟曹操见上一面。

刘备到了以后，拜见皇甫嵩，皇甫嵩说，张梁兄弟俩已经被我们杀散，肯定会投奔张角，你快回去帮助你的老师。

刘备听了，只好再千里迢迢地赶回去。回想自己星夜兼程地来了，啥事都没干就得回去，不免有点憋屈。

结果刚走到半路上，就碰见卢植坐在一辆囚车里，被一群士兵押送着。原来，在刘备前往颍川的那几天里，朝廷派使者左门前来督战，左门问卢植索要贿赂，卢植说，士兵们军粮都不够吃，哪有余钱奉献给使者？那使者大怒，就向朝廷进谗言，诬陷卢植延误军机，朝廷就下令让董卓代替卢植领军，把卢植抓回去问罪。

老师被抓，刘备顿时感觉没了依靠，自己带着几百人，也不能独立与黄巾军对抗，顶多打个游击。思来想去，决定还是回涿郡，到自己的家乡看看。于是就跟关张二人带着自己的队伍往家走。没走多远，忽然听到前面喊声震天，原来是黄巾军在追杀汉军，刘备赶紧前去支援，救了董卓。

董卓当时官拜河东太守，为人一向傲慢，他问刘备等人现在是什么官职，刘备说，没官职。董卓就一副很瞧不起他的样子，言语动作甚是无礼。

张飞大怒道，这厮如此无礼，我们救了他，他还敢这样怠慢！我非杀了他不可。

刘备说，他是朝廷命官，怎么能轻易杀掉？算了，我们走。

于是三人就再次来到颍川一带，去找皇甫嵩。

当时皇甫嵩正与曹操合兵一处，在曲阳大战张梁。刘备就找到了朱儁，与朱儁一起进攻张宝。没过多久，张角病死，信众们看到自己的教主死了，精神世界轰然崩塌，打仗也没那么勇敢了，皇甫嵩借此机会猛攻，斩杀了张梁。随后张宝也被自己的部下严政刺杀，严政拿着张宝的人头，投降了汉军。

三个领袖都死了，剩下一众教徒，不知道去向何方。这群被煽动逼迫起来跟官府作对的穷苦大众，失去了领导人就是失去了一切，他们中绝大多数不知道该如何继续作战，为了谁而战，作战之后干什么。于是一部分人投降了朝廷，一部分继续战斗，死于战场或者做了俘虏。总之，在中国历史上，以宗教之名造反的农民军通常都是因为教主本人的死去而土崩瓦解。虽然也有小的领导人在组织士兵继续抗争，但是终究没有首领活着时候那么大的声势，轰轰烈烈的黄巾大起义就宣告失败了。

自汉灵帝光和七年（公元184年）二月起，到本年十一月结束，为时不到一年的黄巾起义像一阵狂风一样席卷了整个华夏大地。虽然起义失败了，但是余波很长，直到四年后，还有许多黄巾军聚在一起，骚扰朝廷。在它的影响下，民间的起义一直不断，持续了二十多年。这场"大地震"对东汉政权的冲击是致命的，直接导致了东汉朝廷失去了实际统治权。自此之后，军阀割据，地方势力膨胀，朝廷名存实亡。在黄巾起义被平息之后不到二十年，东汉灭亡。

黄巾起义的影响

作为中国历史上第三次农民大起义，张角率领的黄巾起义对东汉社会造成了极大的影响。它就像是一个铁路扳道工，改变了历史列车的走向。但是因为没扳到位，所以列车出了轨，造成了一个大事故。为了记住这个前车之鉴，我们有必要对这次事故进行一次技术性分析。

我们要先说说扳道工张角。

前面已经说过，张角是一个很善良的人，否则，他就不会深入民间行医，救治百姓。但同时，他又有点愤青，他看到汉朝末年的政治非常腐败，宦官把持朝政，贪官污吏横行，贫富分化严重，权贵们极力兼并土地、欺压百姓，再加上天灾人祸不断，导致民怨沸腾，民不聊生。整个汉帝国，就像是一节摇摇欲坠的列车，歪歪扭扭地行走在一条破轨上。看到这种状况，张角没有采取和平的解决方式，就毅然地举起了扳手，别了车轨一下。

当然，他也没有别的好办法。因为他很清楚，如果伸手去扶这个列车，就会被轧死。朝廷里的忠臣，都被关进了监狱，有的还被杀了头。他们的下场就是活生生的例子。

于是，他采取了以暴制暴的方式。

他以宗教信仰为手段，以反抗暴政为目的，率领底层劳苦大众，揭竿起义，用不到一年的时间，就击垮了持续了两百年统治的东汉，完成了划时代的壮举。在这一点上，张角跟刘邦是没有区别的，其实质与秦末农民大起义是一样的，他们都是为了推翻一个腐朽残暴的政权，建立一个新世界。唯一不同的是，刘邦成功了，而张角失败了。因此，"成王败寇"的历史观，不由自主地给张角戴了一个失败者的帽子，让他的形象变得猥琐不堪。

但是，真实的张角，应该是一个英雄。虽然他只是推翻了旧的世界，没能建立新的世界，破坏大于建设，梦想只完成了一半。但他开创了一个乱世，成就了一大批英雄。可以说，如果没有张角，就没有三国。没有黄巾起义，曹操、刘备、孙坚、袁绍等人，都没有用武之地，他们的名字都会埋没在东汉官员名单里面，成为一代庸才，况且以刘备的出身，能不能当官还是另外一回事儿，就更别谈建立蜀汉政权了。

而在张角之后，群雄并起，黄操、袁绍等人在张角所开辟的战场上，割据称雄，努力壮大自己的力量，实现自己的欲望，或者说，是梦想。

所谓的乱世出英雄，时势造英雄，便是如此。

而反观东汉，东汉朝廷为何会如此不堪一击，是值得深究的。一个正常的政权，不会爆发几十万人的农民起义。如果政治清明，人民安居乐业，官吏克己奉公，那谁会闲着没事去造反？黄巾之乱引出的是东汉朝廷内部之腐朽，统治阶级的混乱。

东汉死亡的原因

在那个历史框架里，我们分析一下会发现，东汉之所以会在短时间内就迅速灭亡，其原因主要有两点，一是宦官专权，一是党锢之祸。

先来说宦官专权。

宦官专权

宦官，指的是古代宫廷里面被割掉生殖器的男性，也就是人们常说的太监。一般来讲，太监的主要工作内容就是在皇宫里打扫卫生，跑腿送文件，端茶倒水等。这些工作，都是比较低等的体力劳动，在古代等级森严的社会里，是被人看不起的。而且古人重视传宗接代，"不孝有三无后为大"，一个没了生殖器的男人，无论从男性角度来看，还是从繁衍后代的角度来看，都是一个很尴尬的角色，是一类"上不了台面的人"。但是，正是这些"上不了台面的人"，却经常在中国历史的舞台上扮演着重要的角色。他们一度把持朝政，嚣张跋扈，陷害忠良，在最猖獗的时候，甚至可以随意地废掉皇帝。

秦朝的宦官赵高，指鹿为马，蒙蔽秦二世，最终导致秦朝的覆灭；唐末的宦官，动不动就杀掉原来的皇帝，改立听话的皇帝；明朝的魏忠贤，更是权倾天下，他恶贯满盈，作恶多端，却有许多官员给他立生祠，在他活着的时候就供奉他香火。

许多人认为，这种丑陋的现象，是中国历史特有的产物，外国肯定没有。其实不然。宦官并不是中国的专利，全世界有许多国家，包括所有的文明古国，都有宦官。

距今三四千年以前，古希腊、古埃及、古巴比伦、古印度都曾出现过太监。当时的波斯人就认为，被阉割后的宦官更值得信任，因为他们在皇

历史原来这么有趣·汉朝卷——仁义之君刘备

宫里不会对女人有威胁。古罗马的暴君尼禄甚至和自己宠信的太监斯普利斯结婚，并且让太监彼拉哥组织特务机构，监视大臣和百姓，如同我国明朝时期的东厂、西厂等。当时在古罗马的宫廷里，担任要职的太监不在少数。

在罗马帝国时代，太监是皇帝最信任的人，他们掌握了大部分朝政的权力，甚至亲临前线，指挥战争。有的太监成了著名的政治改革家，有的成了著名的军事将领。更不可思议的是，太监居然还能当上宗教首领，据史学家考证，当时君士坦丁堡的大部分主教都是太监。因此有人讽刺说公元 4 世纪的东罗马是太监的天堂。

公元 8 世纪初，西亚的阿拉伯国家也完善了宦官制度。名著《一千零一夜》里面对此就有提及，阿拉伯帝国阿巴斯王朝的皇宫里，不仅有白人太监，甚至还有八百多名黑人太监，负责后宫嫔妃们的日常起居生活。

古印度也有许多宦官。当时的古印度大陆，呈分裂状态，小国林立。有的小国家甚至有两万多宦官，专门服侍皇帝和他的女人，数量之多，令人咂舌。

但是，没有任何一个国家的太监，能像中国的太监一样，拥有如此强大的控制朝政的权力。

原因在于中国特殊的政治制度。

我国自从夏朝开始，就进入了家天下的世袭模式。世袭模式规定下一代君主必须是上一任君主的儿子，而在很多时候，老皇帝死后，新皇帝年龄太小，就很容易受到别人的控制。但是，最开始控制新皇帝的，往往不是太监，而是外戚。宦官们往往是通过跟外戚的斗争中一步步增强自己的实力，进而控制军政大权的。

东汉的情况就是如此。当时小皇帝们即位的时候，都很年幼，朝中大权尽在他们的母后掌握之中。而这些皇太后又是女流之辈，许多政事不能亲自过问，就只好依赖自己的娘家，这就形成了外戚专权。东汉后期，朝中最大的外戚是梁冀。他的两个妹妹先后被立为皇后，汉冲帝、汉质帝、汉桓帝等小皇帝都是梁冀一手所立。

汉桓帝即位时，年龄才十五岁，梁冀欺他年幼，一手遮天，气焰十分嚣张。随着桓帝慢慢长大，他察觉到了自己的可悲处境，不想再做一名傀儡，就决心除掉梁冀。但他想来想去，满朝大臣都是梁冀的手下，自己很难找到可以信赖的人，只有身边这几个太监，是看着他长大的，是他的心腹，于是就与唐衡、单超、徐璜等五个太监歃血为盟，设计杀死梁冀。

经过他们的周密计划，唐衡和单超以皇帝的名义，调动羽林军上千人，突然包围了梁冀的住所，宣布梁冀的罪状。梁冀和他的妻子畏罪自杀，族人和党羽也多数被杀害。在这场成功的除去外戚的行动中，使得唐衡等五个太监成了汉桓帝心中的大功臣，功劳不亚于开疆拓土。于是在一日之内，这五个太监都被封为万户侯，食邑从一万三千户到两万户不等，被时人称之为"五侯"。

由于皇上格外信任这五人，因此他们很快就控制了朝政。任人唯亲，排除异己，为所欲为。他们的嚣张行径举不胜举。比如徐璜的侄子，看上了一个姓李的女子，求婚遭拒，居然带着人闯进李家，把女子抢走，调戏一番之后，用箭射杀。这种令人发指的行为，遭到了地方官的严肃处理，结果地方官却受到了桓帝的杖刑。

但是桓帝也不傻，他看"五侯"日益嚣张，影响到皇权，就趁着其中一人的兄长犯罪，将他们全部牵连在内，贬出京城。五侯从此失势。但是桓帝深居皇宫，信不过外面的大臣，所能依靠的还是太监，因此就提拔了新的太监。

"五侯"倒台之后，新的宦官侯览、曹节、王甫等人开始粉墨登场。他们结为一党，败坏朝纲，嚣张的程度一点都不亚于先前的"五侯"。比如侯览，利用权力强夺民宅381所，强抢土地118公顷，他的哥哥也仗着他的权势疯狂敛财，成为亿万巨富。而且新太监有了权力之后，跟"五侯"一样任人唯亲，他们的党羽和亲属遍布各级官职，严重地阻碍了儒生和太学生的仕途之路。

太监们你方唱罢我登场，把持朝政胡作非为，让当时的士大夫们非常不爽。本来这些深受儒家思想教化的大知识分子们就很瞧不起这些不可能传宗接代的人，现在这些宦官居然骑到了我们读书人的头上，而且还"挟

历史原来这么有趣·汉朝卷——仁义之君刘备

天子以令天下"，实在让人气愤。于是士大夫们决心要把他们赶出政治舞台。

考虑到单靠这些读书人，力量太薄弱，士大夫阶层就去找了帮手：外戚窦武。

太监，走了一批会再来一批，外戚也是如此。虽然梁家被除掉了，但是窦家出现了。只要皇帝有母亲，有老婆，那自然就会有外戚。好在新的外戚窦武等人，为人正派，跟士大夫是一类人，他们也非常看不惯太监们的嚣张行为，于是大家一拍即合，联合起来对付太监。

当然，太监们是不会坐以待毙束手就擒的。他们果断地利用了自己的优势——皇帝的信任——与士大夫展开了斗争。这场政治斗争愈演愈烈，终于酿成了东汉末年政坛上影响最坏的大事件——党锢之祸。

党锢之祸

"党锢"是东汉历史上一个特有的名词。所谓锢，就是把人固定在某个地方。所谓党，是指当时的一些跟太监作对的士大夫。那党锢的意思就很清楚了：把那些跟太监作对的士大夫固定在某个地方，不让他们动弹。

太监们如此嚣张，又掌握着生杀大权，那些敢跟他们作对的士大夫，就必须有过人的勇气和智慧。这些士大夫学识渊博，品德高尚，忠君爱国，身体器官齐全，无论从哪个方面来看，都是太监们的反面。所以，他们由彼此看不惯而走向对立，是自然而然的事情。

当时的人们，称这些士大夫为君子，并且给他们一一取了外号。有"三君"、"八俊"、"八顾"、"八及"、"八厨"等。

"三君"是"一世之所宗"，是世人的榜样。指的是窦武、陈蕃、刘淑三人。

"八俊"是当时的才俊，是指李膺、王畅、刘佑、荀昱、杜密、魏朗、赵典、朱寓等八人。

"八顾"是指德行高尚的八个人，能够做世人的引路人，"顾"就是回头看的意思。他们分别是郭林宗、宗慈、巴肃、夏馥、范滂、尹勋、蔡衍、羊步。

"八及"是指张俭、岑晊、刘表、陈翔、孔昱、苑康、檀敷、翟超八人，他们是引导世人向"三君"学习的。

"八厨"是指度尚、张邈、王考、刘儒、胡母班、秦周、蕃向、王章八人，他们不惜钱财，济贫救难，为时人所称颂。

这些正人君子形成了当时的清流，他们品评人物，抨击时政，指斥当朝。由于他们有极高的学识和良好的品德，因此他们的批评和赞扬得到了立竿见影的效果。凡是被他们骂的，立马灰头土脸，臭名远播；凡是被他们夸赞的，很快就声名鹊起，光彩至极。这份强大的话语权，震慑了当时的朝廷。朝中大臣自公卿以下的官员，都害怕被他们指责，纷纷登门拜访。

但是，皇宫里的太监们，根本不吃这一套。他们不怕被人骂，依旧我行我素。

当时，"三君"之一的李膺，任司隶校尉，主管司法。桓帝宠幸的宦官张让的弟弟张朔，残暴无比，竟然杀孕妇取乐，李膺毫不犹豫地将其逮捕处死。宦官们被李膺的气势给镇住了，收敛了许多，连宫门都不敢出。但他们时刻都在谋划报复行动，找机会除掉李膺。

公元166年，宦官侯览等人知道朝廷将要大赦，就故意在大赦前犯罪，但是官员翟超、成瑨等人还是在大赦后依法处置了这些人，结果宦官们就向桓帝告状，桓帝就处置了翟超等官员。

同时，河南术士张成在大赦前，放纵自己的儿子杀人。张成说，儿子，你尽管杀，我从皇宫里得到消息，不久之后就天下大赦了，顶多关几天就放出来了。结果李膺二话不说，就把张成给处死了。

这件事立马掀起了轩然大波。因为张成不是一般的术士，他曾给桓帝算过命，也跟宫里的宦官有密切的交往。

张成死后，他的弟子为师报仇，就勾结宦官诬陷李膺，说李膺和太学生结党，并且鼓动太学生发表对朝廷不利的言论。（养太学游士，交结诸郡生徒，更相驱驰，共为部党，诽讪朝廷，疑乱风俗。）

桓帝听了震怒，下诏逮捕太仆卿杜密、御史中丞陈翔和其他朝廷重臣。同时还下令在全国范围内捉拿李膺的余党。太尉陈蕃认为这些人无罪，就拒绝接受诏令。汉桓帝看到太尉这一关不好过，就直接跳过司法程序，让北寺狱去负责此案。

北寺狱是太监在掌权，让他们负责，等于送羊入虎口。果然，宦官们很快就把李膺和二百多名太学生逮捕起来，并且趁此机会，公报私仇，捕杀平时与自己有过节的官员和百姓。一时间，朝野上下，人人自危。

但是，有一些品行高尚的人，对于李膺的遭遇感到非常愤怒。他们亲自给皇帝上书，说自己也是李膺的"党人"，要求把自己下狱。汉桓帝看这些人没事找事，就没搭理他们。

太尉陈蕃上书为李膺鸣冤，汉桓帝直接将其罢官。

陈蕃是"三君"之一，兔死狐悲，物伤其类，陈蕃被罢官，引起了窦武的不平。他与尚书等朝中重臣联合向皇帝求情。李膺等人在牢里面受尽酷刑，宦官们逼着他们供出自己的同党，于是李膺等人就故意把宦官们的亲戚子弟供出来。宦官们害怕牵连到自己，就对桓帝说，应该大赦天下了。桓帝也顶不住大臣的压力，就把李膺等二百多人全部放归乡里，但是规定他们终生不得为官，只能住在家乡，不准离乡。

这是东汉末年的第一次党锢事件。这次事件以士大夫的失败而告终。

第二年，汉桓帝驾崩，窦武和女儿窦皇后拥立13岁的灵帝即位。灵帝即位后，窦皇后成了皇太后，窦武也因为拥立之功，被封为大将军。窦武掌权之后，重新启用了太尉陈蕃和杜密、李膺等名士。士大夫阶层又开始占据重要领地。

但是宦官们并没有被赶下台，他们常年侍奉主子，因此养成了见风使舵、随机应变的"本事"。宦官的头领曹节和王甫每天都在窦太后面前奉承她，讨得窦太后的欢心和信任。在他们的怂恿下，窦太后执掌朝政，乱下命令。太监们借她的手，继续兴风作浪。

窦武和陈蕃觉得任由太监们胡来不是办法，就趁着日食这个异象向太后上书，要求禁绝宦官参政，说是因为太监们参政，太阳都被吃了……

但是窦太后被太监们灌了太多的迷魂汤，坚持认为太监是好人，她甚至举出历史上的例子，说从汉元帝的时候就有宦官参政，这不违背祖宗成法。在她父亲窦武的坚持下，才处死了两个小太监，而放过了曹节等人。

没过几天，天上又出现异象。有上将星入太微垣，士大夫们一致认为这是不祥之兆，象征着大将军要蒙难，皇上身边有奸邪小人。于是窦武决定先下手为强，他联络其他大臣，准备行动。

九月初七那天，窦武休假回家过周末。宦官们趁他不在衙门内，就溜进去偷出了他的密折，得知了他的计划。因此连夜发动宫廷政变，劫持窦太后，抢夺皇帝的玉玺和符印，然后矫诏，调动军队抓捕窦武和陈蕃。

窦武得到消息后，慌忙骑着马到步兵营里，带领步兵反抗。当时都护匈奴中郎将张奂在外出征，刚刚班师回朝，不了解实情，宦官曹节等人便以皇帝的名义命令他进攻窦武，欺骗他说窦武叛乱。张奂带领自己的士兵和宦官的虎贲军、羽林军一起围攻窦武，窦武力不能敌，自杀身亡。

已经八十高龄的陈蕃听说后，愤怒地带领几十名太学生拔刀冲进承明门，结果当场遇害。

陈蕃的朋友朱震找到陈蕃的尸体，伏在上面痛哭。然后辞官不干，并且将陈蕃的儿子陈逸藏了起来，后来被人告发，全家被捕。朱震受尽酷刑，但始终没有说出陈逸的下落，于是陈逸得以脱身。

窦武的府吏胡腾收葬了窦武，被太监们禁锢终生。当时窦武的孙子窦辅只有两岁，胡腾收留了他，对外宣称是自己的儿子。窦辅也逃过一劫。

太监们政变成功后，张奂因为"平叛"的功劳被封侯。张奂这时才知道自己误杀忠良，心里追悔不已，坚决不肯接受爵位。他还趁着天象的变化劝灵帝为窦武、陈蕃等人平反，推荐李膺等大名士出任三公。灵帝最开始认为他说得有道理，但经不住宦官们的谗言，很快又改变了主意，反而认为张奂在欺君罔上。于是张奂也被罢官回乡，禁锢终生。

宦官们看到李膺等名流还有很大的声望，就对灵帝说他们要谋反。灵帝当时才十四岁，对于这些大是大非几乎没有分辨能力，听见有人要造反，非常害怕，就下令把这些人全杀了。

于是以李膺为首的名士共计一百多人，全部被处死。遭到囚禁和流放的多达六七百人。大臣张俭因为之前得罪了宦官，也被当成李膺的党羽追杀。张俭逃出京城，四处流亡，路上看到人家就去投宿（望门投止），每一户人家都甘愿冒着被灭门的危险去收留他。最后他逃到了塞外，而因为他被灭门的有十几户人家。

这就是东汉末年的第二次党锢事件。这次事件以士大夫的惨败而告终。

八年后，永昌太守曹鸾上书要求为党人平反，结果被灵帝处死。同时又下诏书，罢免了所有跟党人有关系的官员。凡是党人的亲戚、门生、故吏，在朝中做官的，统统罢黜归家，并且党人五族内的子弟不准出来做官。

此后，就再也没有人敢提出为士大夫平反了。直到黄巾起义大爆发的时候，汉灵帝害怕党人携带旧恨，与黄巾军串通一气作乱，这才大赦天下，解除了对党人的禁锢。但是长达几十年的禁锢，早已摧毁了士大夫对东汉王朝的信任，没有了这些正人君子们在朝中激浊扬清，宦官专权的现象日益严重。贤能之士为了避祸，纷纷隐居；奸佞小人为了求福，阿谀奉承。朝廷无可用之官，贪官污吏横行霸道。这才导致民怨沸腾，最终给了张角发动群众起义的机会。

"亲小人，远贤臣，此后汉所以倾颓也。"几十年后，诸葛亮的《出师表》，对于东汉王朝灭亡的原因，做出了最透彻的分析和概括。

刘备鞭打督邮

"黄巾起义"虽然被平定了，但是并没有引起汉灵帝的重视。他依然宠幸宦官。有官员向他进谏，说宦官们图谋不轨，结果灵帝摸着自己的脑袋反问大臣道，什么是不轨？

碰见个这么没文化的皇帝，大臣们只能是哭笑不得。

当时在灵帝身边的宦官有张让、赵忠等十二人，桓帝对他们言听计从，时人称之为"十常侍"。灵帝甚至公然宣称张常侍（张让）是我爹，赵常侍（赵忠）是我娘。

有这么个皇帝儿子，"十常侍"当然肆无忌惮了。他们对于大臣的打压，对于百姓的盘剥，比以往的太监更甚。

黄巾起义被镇压后，按说，朝廷要论功行赏了。但"十常侍"手拿将士们的名单，向他们索取贿赂。没有关系背景的，即便是有功劳，也不得封官。曹操家有背景，而且功劳甚大，因此被封为济南相；孙坚朝中也有人情，当了个别驾司马；只有刘备没门路，打完仗之后依然是个平民。朱儁虽然表奏他有功劳，但迟迟不见朝廷的任命下来。刘备心里十分郁闷。

有一天，刘备和关张两兄弟在街上散心，正好碰见了中郎将张钧。刘备就向张钧倾诉了自己的遭遇。张钧大惊，亲自进皇宫对灵帝说，去年黄巾起义，就是因为"十常侍"买官卖官，任人唯亲，所以才天下大乱。现在起义被平定，许多有功之人还被他们挟制不能得到封赏。我希望陛下能够杀了"十常侍"，然后重赏这些有功之人，那样天下就太平了。

汉灵帝一听，你小子怎么敢说我爹妈的坏话？立马喝令武士把张钧赶出了大殿。

众太监在一边商量道，这肯定是有人在打仗时立了功，没得到官职，口出怨言。不如先封了他们的官，以后再跟他们算账。

于是，刘备被任命为定州中山府安喜县的县尉。虽然官职不大，但是好歹也算是朝廷的人了，刘备就欢天喜地地带着关张二人和二十多个亲随人员，到安喜县赴任。

刚就任三个多月，朝廷下了一道公文：凡是在破黄巾军中立功而做官的人，都要被淘汰掉。这显然是"十常侍"的主意。

一名督邮来到安喜县，负责处理此事。刘备知道自己要被罢官，就想找督邮说情，结果督邮称病不见他。刘备气愤至极，冲进去把督邮抓了出来，绑在树上，用马鞭子边打边骂，我跟黄巾军打了三十多场仗，才得了这个小官当当，现在你们还要罢我的官！你们这些贪官污吏，非得杀光不可！

一直打了一百多下，才在众人的劝解之下停手。

关云长在旁边说，这地方也不适合我们兄弟待了，不如往别处去，另图大计。

刘备就把官印挂在督邮的脖子上，然后收拾行李，一行人离开了安喜县衙。

历史原来这么有趣·汉朝卷——仁义之君刘备

《三国演义》里边把鞭打督邮的人说成是张飞，那是罗贯中的艺术手法，他为了刻画张飞的暴躁形象，而来了一手移花接木，把刘备干的事儿安在了张飞身上，把刘备说成是一个仁义得几乎有点懦弱的人。

事实上，脾气再好的人，碰上这样欺负人的事儿，也会发怒。刘备作为一个乱世英雄，不可能一点强势的性格都没有。我们不应该避讳这些事，而是要把它们还原出来，这样才能看到一个有血有肉的真实的历史人物。

临行前，刘备回头看了看自己在战场上浴血奋战那么久才得到的这么一个小小的安身之所，还没熟悉就被迫离开了，心里不禁有些悲凉。人生壮志，如此轻易地就被人限制，让他有一种深深的无力感。夕阳下，县衙屋顶上的茅草被秋风吹断，飘到了天空中，随风飘荡，不知所终。刘备顿时觉得，在这个乱世里，大多数人的命运都像这些枯草一样，被狂风席卷来去。而只有像旁边的大树一样，深深扎根在地上，才会安然无恙。

想到这里，他又忽然觉得一股豪气在胸中回荡。男子汉大丈夫生于世间，岂能让自己的命运被别人掌握？狂风来时，我要做一棵大树，而不是一根枯草。

整理好头绪，刘备扬鞭策马，带着众人去寻找扎根的地方去了。

老同学公孙瓒的发迹史

打督邮是犯法的。刘备走了之后，督邮被人从树上解下来，然后就报告了上司，上司差人捉拿刘备。刘备慌不择路，逃来逃去。忽然想到自己的老同学公孙瓒，现在正在北方混得风生水起，就去投奔了公孙瓒。

当年学校解散，刘备和公孙瓒一起喝了散伙酒之后，就再也没见过面。其实，公孙瓒虽然出身贵族，但由于他不是嫡子，而是他爹的小妾所生，所以在自己的家族里很不受待见。好在公孙瓒长得帅，而且有才智，所以辽西太守很器重他，把自己的女儿嫁给了他。公孙瓒成了太守的女婿。当年去涿郡上学，家里人就不支持他，还是自己岳父给的钱。

公孙瓒回到辽西后，原打算在岳父的帮助下青云直上，但不幸的是，自己的岳父已经不是太守了，新太守姓刘。公孙瓒只得做了一个小"公务员"，给刘太守驾车当司机兼保镖。虽说官不大，但好歹也是太守的心腹了，公孙瓒感觉这工作还算是有前途。

但是，悲剧又发生了。刘太守不知犯了什么事，还是得罪了什么人，忽然从洛阳城来了几个人，把他革职拿问，押送到京城受审。树倒猢狲散，看到太守沦为了阶下囚，下面的官吏纷纷弃他而去，另觅主人。只有公孙瓒念及旧情，一路护送刘太守到京。路上洗衣做饭，嘘寒问暖，勤勤恳恳地伺候刘太守。从辽西到洛阳，鞍马劳顿，走了好几个月。公孙瓒从未有过一丝抱怨。

看到他这种行为，身边有人笑他傻，有人说他装，也有人钦佩他。公孙瓒对于外界的评价，一律充耳不闻。

到洛阳后，刘太守被投入大牢。按说，公孙瓒这也算是仁至义尽了。毕竟刘太守只是他的一个上司，又不是他老爹、岳父，送佛送到西，这好事也算做得可以了。但是公孙瓒并没有就此打住。他一直守候在洛阳，等着刘太守的判决出来。

几个月之后，判决结果出来了。刘太守被判流放，地点是日南，也就是今天的越南中部。在东汉时期，那里属于东汉王朝的势力范围。

按照现代高科技交通工具的速度，从洛阳到日南，坐飞机得 4 个小时，坐高铁得 8 个小时，坐汽车得两天。而刘太守是坐着汉朝的囚车去的。据保守估计，想要到达最少也得一年。

这一年里，要经历春夏秋冬，要跋山涉水翻山越岭，要穿越原始森林和大江大泽，还得时刻提防着毒蛇猛兽，吃人的蛮族，可谓是生死难料，前途一片黑暗。

在古时候，一般只有罪大恶极或者当权者非常讨厌的人，才会被流放到那里。因为流放到那里，就相当于把人送进了地狱。能活着到达流放地点的人屈指可数。即使克服了重重困难最终胜利到达服刑地点，也会水土不服，很快死去。

任何一个正常人都不会想去那里。

但是公孙瓒却做出了惊人之举。他毅然决然地陪同刘太守踏上了去日南的路，确切地说，应该是末路。

最开始的时候，大家都以为这小子也就是送一送自己的旧上司，肯定不会送佛送到西的。但是没想到，押送队伍走到北邙山的时候，公孙瓒"扑通"一声对着辽西的方向跪下了，他拿出一堆祭祀品，然后捧着一杯酒，说，当儿子的要尽孝，当臣子的要尽忠。刘太守是我上司，我要跟他到日南去。这一去，凶多吉少，怕是不能活着回来了。所以就向祖宗告个别。

说完，一饮而尽。在地上磕了几个响头，头也不回地跟着队伍走了。

要是事情就这样发展下去，那历史上留名的就不会是后来的"白马将军"公孙瓒，而是义士公孙瓒了。

或许是老天看公孙瓒如此仁义，不忍心让他死，就来了个异象。朝廷看到上天又有了新指示，赶紧大赦天下，于是走在半路上的刘太守就被赦免了。公孙瓒也不用再去送死了。

这一下子，公孙瓒名声大噪。在那个士大夫阶层遭受重创、太监横行天下的年代，能够找到他这样的道德楷模是很不容易的。人们像看大熊猫一样看着他。走到哪里，公孙瓒都能得到别人的交口称赞。官场上也急需他这样的人物来树立一个良好的形象。于是公孙瓒很快就被举为孝廉，后被任命为辽东属国长史。

再次回到辽西，公孙瓒是载誉而归。家族人也不再像以前一样，以歧视的眼光看待这个庶子了，而是将他当成了大招牌。全族上下都为他感到骄傲。公孙瓒在家族里的地位得到了空前的提高。

公孙瓒不失时机地利用在社会上的话语权和影响力，在边疆争取到了带兵打仗的机会。他作战勇敢，曾以几十人大战几百人的鲜卑族骑兵，让凶顽的北方少数民族不敢来犯。后来边疆叛乱，朝廷给了公孙瓒三千骑兵，他用这三千骑兵平定叛乱，被封为都亭侯。

之后的五六年间，公孙瓒一直与北方的游牧民族征战不休，他对于这些少数民族，就像对自己的杀父仇人一样，格外愤恨。厮杀起来也非常卖力。由于他经常骑着白马，和十几个箭术骑术高明的人一起相互掩护冲锋，因而自号为"白马义从"，人称"白马将军"。

平原县衙里的刺客

刘备投奔公孙瓒的时候，公孙瓒正处于人生的辉煌时刻。看到老同学灰头土脸地跑来投靠自己，公孙瓒也很大方，就上表推荐刘备做别部司马。后来刘备又升为平原县令，正儿八经成了一个地方的父母官。

有了自己的地盘，就相当于有了一个稳定的家，刘备就开始用心打理。他整顿治安，囤积粮草，招兵买马，一步步壮大自己的势力。

刘备有一个最大的优点，就是平易近人。当年他在上学的时候，就对仆人之类的下属非常尊重。现在当了县令，更是如此，对平头百姓非常礼貌，不摆架子。经常与百姓同桌而食，同席而坐。大家都很喜欢他。

但有一个人不喜欢。他是平原县一个豪强，叫刘平。他听说刘备以前就是个卖草鞋的，就非常鄙视刘备。他觉得，卖草鞋的人不配做我们县令。所以就派了一个刺客去刺杀刘备。刘备的县衙没有什么戒备，连个站岗的保安都没有，寻常百姓可以随意出入。这刺客就直接走进了县衙。

刘备不知道眼前这位不速之客是干什么的，要是按照曹操的脾气，估计就当场拿下，然后仔细拷打。但是刘备没有。他把这人请进来，亲切地跟他拉家常，聊一些平原地区发生的事情，对刺客很是厚待。最后刺客就被刘备感动了，他对刘备说，我今天来原本是要来杀您的，但是没想到您这么善待他人，我也没脸向您下手了。然后飞快地逃离了县衙，留下刘备呆立在原地。

这件事告诉我们，礼多人不怪，讲礼貌有时候是可以救命的。

同时也说明刘备的魅力实在太大，能把一个要来杀他的杀手弄得满面羞惭落荒而逃，可见他"得人心如此"。

连杀手的心都被他轻易俘获，何况其他百姓乎？

"得人心者，得天下"，这从来都不是一句谎话。

何进引狼入室

在刘备苦心经营平原县的时候，远在洛阳的朝廷里，正在发生着翻天覆地的变化。

"十常侍"被杀了。

"十常侍"一向嚣张跋扈，独揽朝纲，权力都在他们手里，为何会被诛杀呢?

原因是，他们的靠山倒了。没了灵帝这座靠山，这群太监就什么都不是了。以前是狐假虎威，现在老虎要死了，狐狸就吓不住人了。

话说灵帝在宦官们的欺骗下，整日沉迷女色，很快就一病不起了。临死前，几个近臣围在他身边商量继承人的问题。当时的候选人有两个，一个是何皇后所生的皇子刘辩，一个是宠妃王美人所生的刘协。按照灵帝的意思，是想立刘协。宦官蹇硕就说，如果立刘协，大将军何进肯定不同意，应该先除掉他。于是灵帝就宣召何进，准备先把他骗进宫中杀死。

何进是何皇后的哥哥、刘辩的舅舅。他家本来是杀猪的屠户，因为妹子进宫生了皇子，他才一步登天，当上了大将军。算是外戚中的暴发户了。

听到灵帝宣召他，他赶紧动身来到皇宫。他也知道灵帝活不了几天了，现在是权力交接的重要时刻，弄不好会出大乱子的。

何进行色匆匆地进了宫门，正好碰到司马潘隐从里面出来。潘隐跟他擦肩而过的那一瞬间，在他耳边轻声说道，不要进去，宦官们要杀你。

何进听了大吃一惊，赶紧转身飞速回到家里。召集大臣，商量对策。大家议论纷纷，都表示要杀尽宦官。正在商量的时候，潘隐来了，说，皇帝已经驾崩了，事不宜迟，速度要快。

于是袁绍主动请缨，率领五千御林军，冲进皇宫，众人跟着进去，扶持刘辩做了皇帝，何皇后做了太后。袁绍和曹操打算杀光所有的宦官，"十常侍"知道后，就去向何太后求情说，以前的事跟他们无关，是蹇硕一个人干的。希望何太后能给他们一条生路。

何太后想到当初自己刚进宫时，也是指望这些太监才得到了皇帝的宠幸，就把哥哥何进喊过来，说，我们出身贫寒，要不是他们，怎么会有今天的富贵？不可以恩将仇报。于是何进答应不杀"十常侍"。

"十常侍"再次见风使舵，开始逢迎新的主子何太后。宦官和外戚之间保持了短暂的和平关系。

没过多久，双方又开始针锋相对。由于何太后宠幸"十常侍"，不好下手，何进再次召集众大臣，寻求计策。袁绍说，不如召集四方英雄，让他们到京"清君侧"，那样，形势所逼，太后就不得不从了。

何进的主簿陈琳说，这条计策不可行。杀宦官这种小事，只要大将军一声令下，我们就能搞定了。何必让外臣进京呢？一旦他们带着兵来到京城，我们也无法约束他们，这等于授人以柄，不仅不会成功，反而会大乱。

曹操也跟着说，宦官当权，自古就有。这事好办得很，只要把那几个头目关进大牢问罪就行了，何须召外兵？如果想要把他们全杀了，这些人的势力盘根错节，肯定会泄露，到时候他们就会反扑。

但是他们俩的意见没有被采纳，何进还是听了袁绍的建议，征召外兵入京。这一下子，不仅葬送了自己的性命，也彻底把东汉王朝推向了深渊。因为他开门揖盗，引狼入室，把一只西北狼——董卓给招引来了。

诛杀"十常侍"

话说董卓接到朝廷的诏令之后，大喜过望。他本是西凉刺史，黄巾起义的时候因为指挥无方，按律应该被治罪，他赶紧贿赂"十常侍"，才得以幸免。后来就一直巴结"十常侍"，成为西凉最高的军事统帅，手下有虎狼之师二十万人。他拥兵自重，常有不臣之心。只是苦无机会。现在有人请他去京城，他当然迫不及待了。于是就派他女婿牛辅守住山西，自己统领大军，往洛阳进发。

"十常侍"得到消息之后大惊，连夜商议道，这肯定是何进的主意，咱们要是不先动手，肯定会被他灭族的。

于是众宦官先派了五十个刀斧手，埋伏在长乐宫的宫门内，然后进去向何太后求情说，我等听说大将军在外面召集兵马，准备杀我们呢，求太后救我们的性命。

何太后说，你们去向他请罪。

太监们说，我们要是去将军府，肯定会被砍成肉酱。请太后把大将军召来，当面求个情吧。否则，我们就死在您面前。

何太后没办法，就宣何进进宫。

何进接到妹妹的诏令，抬脚就走。陈琳慌忙拦住他说，太后找您，肯定是"十常侍"出的主意。千万不要去。

何进说，我妹子喊我，能有啥坏事？

袁绍说，现在全天下都知道您从外面召兵要灭"十常侍"，您还打算进宫？

曹操说，他们召你，你也召他们。先把"十常侍"召出，你再进去。

何进哈哈一笑，说，这是小孩子的见识。天下大权尽在我手，太后是我妹妹，"十常侍"敢拿我怎样？

袁绍说，您要是非得去，我们就带兵护送。

于是袁绍、袁术、曹操等人手持利剑，全身披挂，带着一千精兵，护送何进来到长乐宫门前。何进昂然而入，袁绍等人准备跟进去，看门的守卫说，太后只见大将军一人，你等众人不许进去。把袁绍、曹操、袁术挡在了门外。

何进走到第二个宫门内，张让从旁边闪了出来，指着他鼻子大骂道，你小子本来就是个杀猪的奴才！亏得我们在天子面前说你好话，你才有大官做，现在却恩将仇报，想杀我等。你这种人，有何面目活在世上？

何进一看大事不妙，赶紧夺路出宫，霎时间，所有宫门都被关闭，两边涌出一大堆武士，将他乱刀砍死。

袁绍和曹操等人在外面等了很久，也不见何进出来。袁绍就大喊道，请大将军上车！结果从宫墙内扔出一个人头来，一看正是何进的人头。里面的太监扯着公鸭嗓子叫道，何进谋反被杀，你们都无罪！速速离去！

袁绍听了，立马和曹操袁术带兵冲进皇宫，何进的部将吴匡在宫门旁边放火，众人一起冲进去，看到宦官便杀。一时间，皇宫里鸡飞狗跳，杀声震天。"十常侍"多数被当场杀死，张让和段珪劫持皇帝出逃，后被人追杀，投河自尽。

　　宫廷发生政变，驻扎在洛阳城外的董卓第一时间就得到了消息。按照谋士所说，发生政变后，最要紧的事就是赶快控制皇上。谁能控制了皇上，谁就可以发号施令。于是董卓就率领大军来寻找皇上，美其名曰"护驾"。

　　当时少帝刘协和陈留王刘辩兄弟俩在动乱中相互依存，董卓找到皇上之后，看到陈留王刘辩比少帝刘协更有才智，于是废掉刘协，改立刘辩为献帝。大臣有反对他的，都被杀死。

　　董卓仗着西凉军兵强马壮，中央政府对他无可奈何，就入住皇宫，奸淫宫女，并且纵容士兵肆意杀掠。毒死少帝，挟持献帝。许多正义之士都愤怒不已，卢植、袁绍、曹操反出京城，在各处兴义兵，结为联盟，向洛阳进发。群雄并起，遍地狼烟。

　　从此就开始了真正意义上的乱世。

第三章　四海为家　浪迹天涯

是谁斩杀了华雄

且说董卓在京城祸乱纲朝，惹怒了朝中的正直大臣以及诸位英雄。曹操刺杀董卓未遂，逃回家乡，在陈留富豪卫弘的帮助下，招兵买马，聚集起一支队伍，准备进京讨伐董卓。念及董卓势力太大，自己孤掌难鸣，曹操就向全天下发布了讨伐檄文，召集各路义兵，一同出发。

当时共有十七镇诸侯，响应曹操的号召。他们分别是：

第一镇，后将军、南阳太守袁术；

第二镇，冀州刺史韩馥；

第三镇，豫州刺史孔伷；

第四镇，兖州刺史刘岱；

第五镇，河内郡太守王匡；

第六镇，陈留太守张邈；

第七镇，东郡太守乔瑁；

第八镇，山阳太守袁遗；

第九镇，济北相鲍信；

第十镇，北海太守孔融；

第十一镇，广陵太守张超；

第十二镇，徐州刺史陶谦；

第十三镇，西凉太守马腾；

第十四镇，北平太守公孙瓒；

第十五镇，上党太守张杨；

第十六镇，乌程侯、长沙太守孙坚；

第十七镇，祁乡侯、渤海太守袁绍。

刘备只是一个县令，没什么名气。因此不在名单之中。但他也愿意讨贼，为汉室出力，所以就带着关张一起，投在公孙瓒帐下，与曹操会盟。

各路诸侯聚齐之后，便商量道，群龙无首，如果我们各自为政，就无法打败董卓，必须推举出一个盟主来。经过议论，众人推选了出身最好，家里四世三公的袁绍。袁绍当了盟主，慷慨激昂地上台发表了一通演讲，然后派自己的弟弟袁术在后方总督粮草，派孙坚为前锋，大军浩浩荡荡地杀向虎牢关来。

虎牢关，又称汜水关，位于洛阳的东方，在今天河南荥阳市汜水镇境内。因为周穆王曾经在此牢虎而得名。唐朝时因为避讳唐高祖李渊的祖父唐虎，而改为武牢关，后来改为汜水关。这个地方紧邻黄河，与嵩山相接，堪称天险，自古便是兵家必争之地，是洛阳的天然屏障，有"一夫当关万夫莫开"之称。

众军到了关下，叩关欲入，守关的士兵紧急派人去向董卓报告。董卓正在丞相府喝酒，得到消息，大吃一惊，酒也不喝了，直接在宴席上商量对策。他的义子吕布挺身而出说，爹爹你不用害怕，关外这些人，我看他们如同草芥，你看我出去一会儿就把他们收拾了。

旁边又有一人说，杀鸡焉用牛刀？无须温侯亲自出马，小将就把他们给收拾了。

董卓一看，原来是大将华雄，就很高兴，当场给华雄升官，让他去关外迎敌。

华雄到了虎牢关，果然勇猛，连斩义军几员大将。连孙坚这么猛的人，都敌不过他。袁术怕孙坚在前线立大功，就不给他提供粮草，结果导致孙坚的部队军心大乱，被华雄趁机劫营，一败涂地。孙坚的一个大将也在乱军中被华雄斩杀。

接下来发生的事情，按照《三国演义》的记载如下。

孙坚逃到大后方，把袁术埋怨一顿，然后向袁绍报告了战况。诸侯们聚集在袁绍大帐里，对华雄的勇猛非常忧虑，不知道该如何对付。

当时刘备和关张兄弟三人，站在公孙瓒的身后。由于他们级别太低，就没有位子坐。看到诸侯这般无能的模样，三人禁不住冷笑。

袁绍心情正不爽，听到冷笑声，循声望去，看到三个人站在公孙瓒身后，容貌很不一般，就问公孙瓒，公孙太守身后是什么人？

公孙瓒把刘备喊出来，向大家介绍，这是我从小就在一起玩的兄弟，平原县令刘备。

曹操说，难道是那个大破黄巾军的刘备？

公孙瓒说，对。

曹操说，当日我在颍川一带，听过刘玄德的大名，虽然不曾谋面，但也曾在同一战线破贼。

公孙瓒就趁机把刘备的出身和战功仔细地向各位诸侯讲了一遍。

袁绍一听说刘备是皇室出身，立马给刘备赐座，说，我不是敬你的名爵，我是敬你是个帝室之胄。

从袁绍这话可以看出，此人十分热衷于逢迎。刘备是县令，是卖草鞋的出身；他是诸侯盟主，家里四世三公，按照常理，当然不会敬刘备这个县令了。他说他不是敬刘备的名位，但是帝室之胄不就是刘备最大的"名爵"吗？如果换成是其他的县令。袁绍肯定看都不看一眼。

刘备就坐个末位。关羽、张飞侍立左右。

刚落座不久，探子又来报告，说华雄又在阵前挑战，嘴里还不干不净地骂人。

袁绍说，谁敢出去迎敌？

一个叫俞涉的将军说，末将愿往。

众人就在帐内听鼓声，一通鼓未停，探子就来回报：俞涉与华雄打了不到三个回合就被斩了。

众人大惊。

太守韩馥说，我这里有个大将潘凤，他可以斩杀华雄。

袁绍说，快让他去。

潘凤提着大斧子就出去了。结果又是不到三个回合被华雄斩于马下。

众人目瞪口呆，大惊失色。

忽然关羽从刘备身后站出，朗声道，我愿斩杀华雄，将首级献给众位。

大家纷纷把目光聚焦在关羽身上，只见这人身长九尺，下颏长髯飘飘，垂到肚子上，面如重枣，身如劲松，声如洪钟。

袁绍很疑惑，这壮汉是谁？

刘备是没资格答话的。公孙瓒说，这是刘玄德的结义兄弟，关羽。

袁绍就问关羽现在是个啥职务。

公孙瓒说，他现在跟着刘备，是刘备的一个弓箭手。

袁绍说，让一个弓箭手出去应战，敌人肯定会嘲笑我们没有大将。

曹操说，此人仪表不凡，华雄怎么能看得出他是个弓箭手？

关羽说，如果我打不赢，提头来见。

曹操看袁绍不再反对，就赶忙命人斟酒，请关羽喝了酒再上战场。

关羽说，酒先放在这儿，我去去就回。

然后关羽手提青龙偃月刀，快步走出大帐，飞身上马，直奔阵前。鼓手便全力地擂起鼓来，众人在帐内只听得外面喊声震天，动静颇大，正要派人去探查，关羽已经提着华雄的人头走了进来。而桌上曹操给关羽倒的酒，还是温的。

然而，事实是，罗贯中先生张冠李戴，为了塑造关羽的英雄形象，把别人的事迹安在了关羽的头上。真正斩杀华雄的，不是关羽，而是孙坚。

据《三国志·孙破虏传》记载，孙坚首次兵败之后，"(孙)坚复相收兵，合战于阳人，大破(董)卓军，枭其都督华雄等。"

董卓迁都洛阳

华雄被杀之后，董卓大惊，派吕布来战。诸侯趁着士气高涨，合力击败吕布，吕布就不敢再出关，闭关死守。董卓看到洛阳被人围困，难以长久地住下去，就听从谋士的建议，迁都长安。

董卓迁都的时候，把洛阳的富户一抢而光，然后一把火烧了汉朝的宫室，逼迫洛阳近百万人民都迁往长安。士兵们在路上烧杀淫掠，奸淫百姓妻女，百姓们一路上哭声不断，叫苦连连。

曹操得知消息，就来找袁绍，现在董卓狗贼焚烧皇宫，挟持着天子和民众到长安去，皇上在他手里呢，我们应该赶快去追！

诸侯们都说，不可轻动。

曹操大怒道，竖子不足与谋！然后带着自己帐下的几个将军——曹仁、曹洪、夏侯惇、夏侯渊、李典、乐进等人，领了一万多军马，独自去追董卓。结果在荥阳遭到了董卓的埋伏，几乎全军覆没，本人也差点被活捉，只带了五百多个人回来。

袁绍听说曹操大败，就派人把他接回来，给他置酒解忧。曹操在席上忍不住埋怨道：我们当初共商大计，就是为了讨伐董卓老贼。如果老贼迁走的时候，本初（袁绍的字）带人固守孟津；公术带南阳之军进入武关，镇守关外；其余诸将固守成皋、敖仓。则董卓被诛就指日可待了。没想到你们这么懦弱！不敢前进。我真是替你们感到丢脸。

各诸侯无言以对。

散席后，曹操看到这些人心里各自打着小算盘，料定跟他们不能共事，就带着自己的人马走了。其他诸侯也作鸟兽散，各自寻找各自的地盘。对于诸侯们来说，联盟已经解散，盟主袁绍对他们没有约束能力了；皇帝被董卓挟持，自然也不需要再奉天子诏令了。东汉帝国的地盘上，一下子就多出了几十个割据势力。他们相互征伐，极力扩张，当初举的义旗早被换下，成了自家的旗子；当初为勤王讨贼而兴的义兵，也成了自己的私人武装；当初的理想，早变成了欲望。

一个新的逐鹿中原的时代，马上就要来临了！

挂着英雄面纱的小人

诸侯既然散去，不再攻打董卓，刘关张等人依靠打仗博取功名的愿望就再一次落空。刘备只好跟着再次回到平原，当他的小小县令。

当刘备在平原县勤勤恳恳地工作的时候，昔日结盟的诸侯们已经开始自相残杀了。

先是孙坚在洛阳皇宫的一口井里，发现了传国玉玺。他就准备带着玉玺回江东。结果被袁绍知道了，两人发生争执，结下冤仇。孙坚在回江东的路上，又遭到了刘表的伏击，与刘表结怨。

然后是袁绍和公孙瓒私下谋划夺取冀州。这个过程比较搞笑，充分体现了那个年代所谓的英雄其实大多数就是一群小人和野心家。

过程是这样的。袁绍军中缺少粮草，与他距离最近的冀州太守韩馥就经常送粮食给他。袁绍的谋士逢纪就说，大丈夫纵横天下，怎么能像叫花子一样，老是让别人给咱送饭。冀州这块地儿，城大粮多，应该占为己有。咱们不如这样，给公孙瓒写信，让他攻打冀州，韩馥是个无能之辈，肯定会请将军去帮忙，冀州就唾手可得了。

袁绍听了，深以为然。于是就写信给公孙瓒，让他攻打冀州，事后平分地盘。然后又暗地里通知了冀州太守韩馥。果然，韩馥害怕公孙瓒，请袁绍来帮忙，结果袁绍直接杀了他的将领，不费吹灰之力得到了冀州。

公孙瓒得知袁绍已经占据冀州，就派弟弟公孙越去要地盘。

袁绍说，冀州是韩馥太守白送给我的，跟你们有啥关系？凭啥要送你们家一半？

公孙越看到袁绍耍赖，没办法，只好回家。结果在半路上，被一群人刺杀了。虽然刺客声称自己是董卓的人，但就算是傻子也知道这事是袁绍干的。

公孙越的一个随从侥幸逃命，回去报告了公孙瓒。公孙瓒不听则已，听了怒火万丈，自己辛苦一场，动刀动枪的，连个补给都没混上，弟弟也被袁绍杀死。此仇不报，枉为人也！

于是尽起本部军马，来杀袁绍。两边打了几个月，各有胜负。期间，刘备作为公孙瓒的好哥们儿、老同学兼下属，也带着关张二兄弟来帮公孙瓒打仗。在这里，刘备遇到了公孙瓒的部将赵云，两人引为知己。

远在长安的董卓得到了消息，董卓的谋士就对董卓说，公孙瓒和袁绍都是当世豪杰，我们以天子的名义，劝他们和解，他们就肯定会归顺您。

董卓就派使者带着皇上的诏书，让袁绍和公孙瓒和解。两人本来都不想打，现在正好有了一个台阶下，就各自退兵了。

一出丑剧就此收场。公孙瓒是偷鸡不成反蚀把米，折腾了这么久，什么都没得到，从此对袁绍怀恨在心，一直伺机报复。

而赵云从这场丑剧中，发现了公孙瓒的心胸太狭隘志向不够远大，没有兴复汉室的抱负。于是就不想再效力于他，心里有了投奔刘备的打算。

至于袁绍，表面上得了冀州，好像捡了一个大便宜，实际上失去了人心。韩馥主动给他提供粮草，他却夺取人家城池。与公孙瓒事先约好平分冀州，事后却耍赖不给。袁绍昔日的盟主形象一落千丈，从高大上变得猥琐不堪。看似得到很多，实际上失去的更多。

即便是乱世，即便武力值再高，一个寡廉鲜耻的人，也不会让别人信服。

袁绍得到冀州后，他兄弟袁术从南阳写信过来，问他要良马千匹。袁绍不给。袁术很生气。又问荆州刘表借粮二十万，刘表也不给，于是袁术就气得跳了起来。他立马写信给孙坚，鼓动孙坚说，以前你回江东的时候，刘表截您归路，是我哥哥袁绍出的主意。现在袁绍又跟刘表商量着要去打你的江东。你应该速速发兵打刘表，我为你打我哥袁绍，如此一来，俩仇你都能报。到时候你得到荆州，我得到冀州，皆大欢喜。

从袁术的信中可以看出，他的为人和品德，不比他哥哥高到哪里去。为了几匹马，就在背后捅哥哥刀子，其无耻程度真是让人汗颜。

孙坚接到信后，回想起前段时间刘表在路上拦截他，就恨上心头，当即整兵出发去伐刘表。结果因为轻敌，遭到了埋伏，被乱箭射死。其长子孙策将尸体送回江东安葬，两家旧仇未泯，又添新仇，算是在长江中游埋下了一颗定时炸弹。

此后，各方势力为了扩大地盘，征战不休。昔日为了大义而聚集在一起的同盟者，后来纷纷反目，相互征伐，但每次出征还都打着响亮的旗号。在他们的眼里，看到的更多的是利益，很少能看到仁义。所谓英雄，不过是挂着英雄面纱的小人而已。真正胸怀天下为民着想的，又有几人？

"生于露，死于影"的貂蝉

公孙瓒的所作所为，不仅让他的部将赵云寒心，也让他的老同学刘备很是寒心。虽然经过公孙瓒的上表，刘备再次升官，升任为平原相。但是刘备很清楚，这只是公孙瓒在利用他的才能，更好地为自己谋利而已。公孙瓒的心中，并没有装着大汉的黎民百姓。所以，刘备也萌生了离开公孙瓒的念头。

但是，走到哪里去呢？

就在刘备为自己的前途发愁的时候，几千里外的长安，发生了一件大事。

董卓死了。

挟天子以令天下，横行一时的董卓终于死了。他死在了义子吕布的方天画戟之下。对于当时的东汉百姓来说，这是个大快人心的好消息。因为这个祸国殃民的国贼，终于自食恶果，死在刀剑之下，再也不会兴风作浪了。虽然这并不意味着他们得到了解放，但是作为那个年代的臣民，看到自己的皇帝被人挟持，就好些一群牛马害怕一只狐狸一样，那感觉非常憋屈。与其听一只狐狸的命令，还不如听一只老虎的命令，尽管那是一只病虎。

趁着东汉百姓举国欢庆的时候，我们来了解一下董卓的死亡过程。

确切地说，这是一场谋杀案。不确切地说，这场谋杀案的凶手，是一个叫貂蝉的女人。

说确切的原因是，董卓的确是死于谋杀。像他这样的人，不上战场，又掌握天下最雄厚的军力，不可能死在战场上；手里面控制着天子，衷心于汉室的大臣们投鼠忌器，也不敢拿他怎么样；出门有士兵开道，所到之处都戒严，禁止闲人围观；住的地方有卫队把守，戒备森严，连鸟都飞不进他家的院墙。想让这样的人死掉，除了谋杀，还真没有别的办法。

而且，想要谋杀他，来硬的还不行。派刺客刺杀是不管用的，只能以

历史原来这么有趣·汉朝卷——仁义之君刘备

柔克刚，派个美女，去实施美人计。

于是，貂蝉上场了。

貂蝉是中国历史上四大美女之一，在民间名声很大。但历史上根本就没有她这个人。所有的正史，都没有记载一个叫貂蝉的女子。按照《三国演义》的说法，司徒王允巧使连环美人计，让自己美如天仙的养女貂蝉先后许配给董卓和吕布，然后让貂蝉挑拨他们父子两人的关系，最终使吕布与董卓反目成仇，在王允的鼓动下，吕布愤怒地杀死了董卓。

但是，所有的史料，都没有对貂蝉其人的确切记载。可以说，这是罗贯中根据民间传闻杜撰出来的故事。按照正史《三国志》的记载，董卓的确是死于吕布之手，但是两人的结怨，并不是因为貂蝉。

当时董卓残暴，百姓对他恨之入骨，汉室的一些大臣也总想消灭他。董卓的爱将吕布，经常护卫在董卓左右，二人情同父子，关系非常密切。但是董卓这人，脾气暴躁，很容易就为一点小事而发火。而且发起火来，不论眼前人是谁，都拳脚相加。吕布是他的将军，又不是他的丫鬟，自然不可能事事顺遂他意，有一次，吕布不知道因为什么事而惹怒了董卓，董卓居然提起手戟就朝着吕布砸过去。幸好吕布身手敏捷，躲了过去，但也被吓得不轻，心里就生了恨意。但在当时，却不得不赔着笑脸向董卓道歉。

后来，吕布与董卓的侍妾私通，被董卓发现，百般辱骂，还扬言要杀他。吕布心里更加不满。司徒王允发现了他们二人之间的矛盾，就劝说吕布。在王允再三的挑拨下，有勇无谋的吕布听信了他的话，以天子的身体痊愈为幌子，将董卓骗到宫中，趁他进门的时候，一戟将他刺死。

董卓之死是东汉末年的一个大事件。他的死，引发了更多的战乱，许多人为此付出了生命。但是他的死，对于当时的东汉朝廷，对于民间百姓，都是一件大好事。看到坏人遭殃，是百姓们所喜闻乐见的节目。于是后来的民间艺人，就根据这一段历史，演绎出一个美人貂蝉，借貂蝉之手，杀死他们眼中的恶人。

虽然貂蝉在历史中是不存在的，但是关于她的传说故事却有很多。对于这个根本不存在的美女，人们不仅关心她是如何在谋杀董卓事件里发挥作用的，还很关心她在董卓死后的去向。有人说，董卓被杀以后，貂蝉也自尽了。还有人说，吕布杀死董卓，抢走了貂蝉。后来吕布在白门楼被曹操生擒，貂蝉也被抓住了。曹操为了笼络关羽，就把赤兔马和貂蝉一并送给了关羽。关羽看到赤兔马，非常高兴，因为他可以骑着此马很快就回到刘备身边。但是看到貂蝉这个大美女，他却犯了愁。

原因是，关羽没事就爱看《春秋》。他从历史书里得知，美女都不是好东西，红颜祸水，曹操送貂蝉给自己，要么是想祸害自己，要么是想将来祸害刘备。所以他就一直寻找机会杀死貂蝉，把这个祸水给除掉。

一天晚上，月明星稀，关羽独自一人在庭院里散步。忽然看到貂蝉在旁边的亭子里，对月长叹，顾影自怜。关羽觉得自己的机会来了，就提着青龙偃月刀，轻轻地走了过去。正在这时，貂蝉动了一下，地上的影子也动了一下，那画面真的太美，真是百炼钢也能化成绕指柔。关羽在那一瞬间，被打动了。他的心软了下来，手也提不动那八十多斤的青龙偃月刀了。但他转念一想，面对貂蝉，自己都把持不住，更何况是大哥刘备。将来刘备要是见到貂蝉，肯定更把持不住。不行，必须得杀，但他又真的惋惜貂蝉的美貌，心里矛盾极了。

在这矛盾之中，关羽手中的青龙偃月刀哐当一声，掉在了地上，正好截断了貂蝉的影子。奇怪的是，貂蝉本人也跟着被斩断了，身首异处。所以百姓们都说貂蝉是"生于露，死于影"，来去皆无形。

以上传说故事，来自元杂剧《关大王月夜斩貂蝉》。这个美丽的传说，包含着民间百姓对于董卓被诛杀时的喜悦之情。人们愿意在这个大好事件里掺杂一些有趣的故事，塑造一个敢于牺牲、甚至有些侠气的美女，来为他们提供谈资。

曹操全家被杀

董卓被吕布杀死之后，董卓西凉军的部将为他报仇，率大军来攻长安。

吕布出城迎战，结果被引诱到前方山谷中，后面城门被攻破，长安失陷。先前设计杀死董卓的司徒王允被害，吕布慌乱之中带着一百多个残兵败将投奔了袁术。汉献帝再次被人挟持。

京城发生巨变的同时，青州地区的黄巾军又爆发了起义，朝廷派曹操前往镇压。曹操大展神威，三个月内就平定了叛乱，招降了三十多万黄巾军。他把这些起义军中能征善战的人挑选出来，组成"青州兵"，为自己打造了一支庞大的精锐部队，成为地方势力中最为强大的一脉。

曹操此后便威震山东。之前董卓祸乱的时候，曹操他爹曹嵩躲到琅琊避祸，现在曹操出人头地了，成了一方诸侯，就派人去接他爹过来住。结果没想到，他爹在路过徐州的时候，被人给杀了。

当时的情况是这样的：徐州太守陶谦，也是个厚道人，一向就想与曹操结交，以保障徐州的安全。听说曹操他父亲的车队要从徐州过，就大老远地出城迎接，把曹嵩一家老小几十口人，外加一百多个随从，全部迎到城里去，摆宴招待了两天。曹嵩临行的时候，陶谦为了他的安全，还好心派自己的都尉张闿带领五百士兵护送。

万万没想到的是，陶谦这次好心办坏事，给自己和徐州百姓带来了灭顶之灾。

因为他所委派的那个都尉张闿，原本就是黄巾军的一名士兵，他护送曹嵩到半路上，突然天降暴雨，众人在野外看到一座古寺，就投到寺里避雨。这张闿就跟手下商量道：大家以前都是黄巾军，跟着陶谦也捞不着好处。现在这曹家有一百多辆车子，上面装的都是财宝，你们要是想要富贵，就在今夜三更，冲进去把曹家人全杀了，把财宝都抢走。这些东西，够我们花几辈子了。我们找个深山老林，在里面做强盗，你们看如何？

众人听了，都拍手赞同。

当夜风雨大作，约莫三更时分，众贼冲进寺庙，杀了曹嵩一家，抢走财物，逃到淮南去了。消息传到曹操那里，曹操哭晕在地，苏醒后便率大军，浩浩荡荡地杀向徐州，表示要屠戮徐州全境，为父报仇。

徐州太守陶谦得知消息后，大惊失色，捶胸顿足，后悔不已。在这件事里，他最大的责任就是用人不察，派一群狼给一只牛当保镖。当然，血案的发生地点在他的管辖范围内，凶手又是他的部下，所以曹操肯定会怀疑是他干的。但是，曹操把他的仇恨给扩大化了，他觉得，他爹是在徐州境内被人杀死的，所以整个徐州境内的人都该偿命。因此曹军进了徐州地界，所到之处，见人就杀，挖坟掘墓，无所不干。

在经过虑县、睢陵和夏丘的时候，曹操下令对当地实施"三光政策"。一共屠杀几十万人，所到之处鸡犬不留，尸体把泗水河都给堵住了。

徐州之围

陶谦万万没想到，自己的一片好心，居然给百姓带来这么大的灾难。就派使者到曹营向曹操道歉，表示自己愿意以死赎罪，求曹操放过徐州百姓。曹操哪里肯听，只管派兵攻城。眼看徐州就要被攻破，徐州的一个别驾从事，糜竺，出来给陶谦献计说，必须向外求救兵，才能解徐州之围。于是陶谦请他到北海相孔融那里搬救兵。

糜竺字子仲，是东海朐县的大富翁。他家里非常有钱，田地不计其数，童仆万人。富可敌国。在那个年代，能够用上万仆人，豪华程度不亚于王侯。

有一次，糜竺去洛阳做买卖，回来的时候坐着马车，在离家还有二十里的路旁，碰到了一个非常漂亮的女人要求搭车。糜竺就请她上车了。这要是别的人，碰见美女投怀送抱，跟自己坐在一个车上，估计早就想入非非动手动脚了。但是糜竺不知是见得美女太多，已经审美疲劳了，还是君子非礼勿视，竟然正襟危坐，看都不看那美女一眼。马车往前走了几里路之后，美女忽然要下车。临走前对糜竺说：我是天上的火德星君，奉玉皇大帝的命令去烧你家。因为刚才你以礼相待，见色不起意，是正人君子，所以我就把这消息告诉你。你赶快回去把财物都搬出家来，我夜里再去你家放火。

糜竺听了，大吃一惊，飞快地跑回家去，指挥仆人们把所有财物都从家里搬出来，果然当晚起了大火，把他家烧成了平地。

自从这件事情发生之后，糜竺就变得乐善好施。他广散家财，接济穷苦百姓。在当地的名声越来越好。陶谦就聘他为别驾从事，为徐州出力。

且说糜竺出了城，快马飞奔来到北海。北海大致在今天的山东昌乐县，当时此处的黄巾军势力很大。孔融因为得罪了董卓，才被委任到北海做地方官。董卓想借黄巾军之手，害死孔融。

孔融的大名，应该是妇孺皆知了。因为每个人小的时候，都可能听到过"孔融让梨"的故事。孔融是孔子的第二十代孙，家住山东曲卓。孔融从小就很聪明，让梨只是一件小事。十岁那年，他去拜访当时的大名士李膺。李膺的门人不让他进，他说我跟李家是世交。门人就放他进去了。

到了堂内，李膺看他是个十岁的小孩子，就逗他道，你说我们是世交，你祖上跟我祖上是啥亲戚关系？

孔融从容回答道，当年孔子曾经向老子问礼，君姓李，我姓孔，我们难道不是世交吗？

李膺听了，非常惊奇，没想到一个十岁的小孩子居然有这样的见识。于是就跟在座的宾客宣扬孔融的聪明。过了一会儿，太中大夫陈炜来了。李膺指着孔融对陈炜说，这小孩子是个奇才。陈炜听了说，小时候聪明，长大了未必就聪明。孔融立马答道：想必您小时候肯定很聪明。当时满座皆惊，众人都为小孔融的能言善辩和应变能力而赞叹不已。

十六岁那年，名士张俭被宦官侯览迫害，逃亡途中，投奔孔融的哥哥孔褒。当时孔褒不在家，孔融自己做主收留了张俭。后来朝廷将孔融兄弟俩及其母亲全部抓捕。孔融说，是我收留了张俭，罪在我。孔褒说，张俭是来找我的，跟弟弟无关。母亲说，我身为长辈，管理家务事，罪在我。地方官难以决断，最后判了孔褒有罪，孔融因为争着赴死，声名大振。

成年后，孔融被朝廷封为中郎将。因为跟董卓作对，而被放了外任，任北海相。

糜竺到了以后，向孔融表达来意。孔融说，我跟陶恭祖（陶谦字恭祖）的关系一向就好，现在你又亲自来求救，这事我当然得管。不过我跟曹孟德无冤无仇，不能上来就开打。你等我先给他写封信讲和，再发兵不迟。

正说着，忽然手下人报告说黄巾军杀过来了！孔融大惊，也顾不得去救徐州了，先带兵出城去迎战黄巾军。结果被黄巾军首领管亥打得大败，逃入城中。正是泥菩萨过江——自身难保。自己也得想办法搬救兵了。

接连几日，黄巾军攻城不休。孔融站在城头上，正忧虑着，忽然看到一人骑马从远处来，左闯右突，杀死十几人，冲到城门下，大喊开门。孔融怀疑有诈，就不开。一堆黄巾军冲上去打那人，那人回头又杀死十几人，急叫开门，孔融这才下令放他进来。

那人见了孔融就拜倒在地，说自己叫太史慈，因为母亲常年接受孔融的接济，现在听说孔融有难，就前来相救。

孔融大喜说，好好，你赶快出城帮我喊救兵来，去平原县找刘备。

太史慈翻身上马，出城杀出重围，连夜飞奔到平原，见到刘备。

刘备一听，受宠若惊道：孔北海还知道这世上有个刘备？立即就带着关羽张飞，率领三千精兵前去解围。

到了北海城外，黄巾军头领管亥看到刘备兵少，毫不在意，结果被关羽拍马过来一刀砍死，黄巾军丢盔卸甲，大败而逃。北海之围解开了。

刘备等人进城，见到了孔融。孔融设宴招待大家，喝酒的时候想起来，这边还有个糜竺等着救兵呢，于是就把糜竺喊来与刘备相见。

刘备说，曹操势力太大，我这兵微将寡的，没法打啊。

孔融说，你是汉室宗亲，现在曹操恃强凌弱，欺压百姓，你焉能袖手旁观？

刘备说，不是我不管，是我力量太小了。这样，你们先去，我去问公孙瓒借三五千人马去。

孔融说，你可要说话算话啊。别等到时候我们去了，你不去，坑了我们。

刘备说，你太小看我的为人了。人无信不立，我能不能借到兵，都会去。

于是孔融让糜竺先回去报信，自己整顿军马，准备出发。

刘备离开北海，来找公孙瓒借兵。

公孙瓒说，曹操跟你无冤无仇，何苦为别人出力？

刘备说，我已经答应别人了，不能失信。

公孙瓒本不想借，碍于面子，给了刘备两千人马。

刘备说，把子龙也借给我用一下。

公孙瓒就派赵云跟着刘备走了。

刘备带着自己的三千人马和公孙瓒借给他的两千人马，到了徐州，与孔融合兵一处，与曹操对峙。两边人马还未交战，曹军忽然撤退。原来是吕布在背后袭取了曹操的大本营兖州，整个兖州只剩下三座县城还在曹军手里。曹操一看自己得了一半徐州，丢了整个兖州，实在是得不偿失，于是就赶紧回师救援，徐州之围就解了。

说起来，这还都是吕布的功劳。虽然吕布是无意之举。

捡来的徐州牧

徐州解围之后，陶谦非常高兴，把前来帮忙的朋友们都请到屋里设宴款待。陶谦看到刘备仪表非凡，且又是皇族后裔，就非常高兴。在酒桌上，把大印拿出来，当场要把徐州牧的位置让给刘备。

当然，刘备是万万不肯要的。刘备说，我来帮你，是出于义气，不是为了图你的位子啊。我要是接了你的印，天下人会怎么看我？

陶谦说，我老了，守不住徐州了。我那两个儿子也没啥能力，徐州收非你莫属了。

刘备坚辞不受。

刘备不接受是有理由的。他并非不想要徐州。自24岁打黄巾以来，他已经在社会上漂泊了十年了。这十年来，他东奔西跑，辗转奔波，并没有多大成就。与他同一时间破黄巾的曹操，已经有雄兵几十万了，帐下猛将如云，谋士如雨。而他，仅仅是个平原相而已，手下只有最开始就跟着他的关张两兄弟，没有招纳新人。唯一一个有意向投奔他的赵云，还在别人营帐里。

眼看着天下形势渐渐明朗，割据势力已然形成，而自己还没有一块属于自己的地盘。三十四岁的刘备，心里肯定是很着急的。在陶谦表示要把徐州牧的位置让给他的时候，他一定会动心。

但是，他一直坚守一个原则：不是自己的东西，再好也不能要。

纵观刘备的一生，他从最开始拒绝当徐州牧，到后来拒绝当荆州太守，再到后来取西川的时候犹豫再三，"不忍夺同宗之基业"，都是因为刘备心里坚持这个信念所致。而反观其他大英雄，基本上都奉行另外一个原则：我的就是我的，你的还是我的。是我的我就拿走，不是我的我就抢走。

所以他们才会彼此打个不停。

刘备的拒绝让陶谦很恐慌。因为他今年已经六十三岁了，在那个年代，能活到这份上，算是够本了。这是个很危险的年龄，他不能确定自己哪天早上就莫名其妙再也醒不过来，所以他要赶快找好接班人。

由于之前的失误，陶谦给徐州人民带来了灭顶之灾，许多家庭在曹操的屠刀下家破人亡。这是徐州人民一生的伤痛，也是陶谦心里永远不能愈合的伤疤。为了弥补自己的过失，陶谦只能尽最大努力，给徐州人民找一个好的领导人。他看到刘备有勇有谋，手下还有两个有万夫不当之勇的兄弟，不仅有能力，而且讲仁义，正是徐州牧的不二人选，所以极力让位于刘备。

但刘备又坚决不肯接受。两人推来推去，一直推到陶谦死为止。

在这个过程中，刘备的态度不仅让陶谦着急，还等急了身边的看客。孔融就多次劝说刘备继任徐州牧，连陶谦的部下都在劝刘备赶紧就任徐州牧。

刘备说，袁术离徐州很近，他出身高，家里四世三公，又兵马雄壮，可以让他来当徐州牧。

孔融立马接过话茬说，袁术就是个死尸（冢中枯骨），他怎么配来领导徐州！

陶谦的部下陈登是个聪明人。他知道刘备不当这个徐州牧，肯定还有别的考虑。这一下子，让他听出了话外音。原来刘备不仅是因为不愿拿别人的东西，更怕拿了之后再被人抢走啊。他肯定是害怕自己占了徐州之后，旁边的袁术会派兵攻打。

于是陈登就劝刘备道：如今天下大乱，豪杰并起，想要成就一番事业，就必须有自己的地盘。刘使君你要是当上了徐州牧，徐州地广人多，物产丰富，经济实力雄厚，随随便便就能招募十几万人。往大了说，可以匡扶汉室，救济万民；往小了说，可以雄霸一方，保境安民。这样使君就可以实现自己的抱负了啊。

陈登这番话，不仅打消了刘备的顾虑，也说到了刘备的心坎上。他心里就开始动摇了。是啊，自己一生的追求，不就是这些吗？为什么不抓住这个机会去实现它呢？

正好，陶谦又在这个时候死了。临死前，陶谦立下遗嘱，让刘备领徐州牧。于是刘备也无法再推辞，就当上了徐州的最高长官。

这一下，刘备就算是独立了，从老同学公孙瓒那里脱离出来，成了一个真正的诸侯。当时的徐州，可不是一块小地方，它管辖东海郡、广陵郡、彭城国、琅琊国和下邳国等五个郡国，共有六十二个县，人口二百八十万有余，是汉朝末年十三州中的一个大州。管辖这么大一个州，刘备完全有实力与当时的任何诸侯抗衡。

刘备很开心，关羽和张飞也很高兴。混了十年了，总算混出了一点名堂。

从初战黄巾开始，三兄弟就一直在到处奔波。寄人篱下的日子里，刘备空有报国之志，关张空有万人之勇，一直发不了力，使不上劲儿，眼看着别人建功立业而自己却不能有所作为，那滋味很不好受。刘备经常会跟关羽和张飞描述未来的美好生活，但是说得再多，都抵不上做一次。而这一次，大哥当上了徐州牧，关张二人觉得，终于可以大展鸿图了。

刘备当上徐州牧的消息传到了曹操耳朵里，曹操很生气，他没想到自己费尽千辛万苦，冒着残暴的恶名也没得到的徐州，却让刘备这小子不费一刀一箭就得到了。当时就要率大军前来攻打，结果被谋士死死劝住。曹操的第一谋士荀彧认为，舍弃兖州去攻打徐州，是不智之举。因为兖州地理位置很重要，如果大军都去攻打徐州，那吕布就会乘虚而入；如果只派一部分军队过去，又很难攻破徐州，总之是得不偿失的事儿。

曹操说，今年大旱，士兵们都没粮食吃了，守在兖州也不是好办法。

荀彧说，不如我们向东攻打汝南、颍川之地，那里是黄巾军的大本营，粮食多，又好打。打下来之后，朝廷也高兴，百姓也高兴，既顺应朝廷，又得了民心，多好啊，一举两得。

于是曹操断了攻打徐州的念头，开始向东进军。

刘备在接手徐州之后，为了确保能够长期干下去，他就不得不考虑徐州的周边势力。徐州是块肥肉，每个有实力的人都想夺走。所以刘备必须玩政治，跟他们斡旋。

刘备率先找到了袁绍。

当时徐州三面都有人虎视眈眈，一面临海。北边是占据着冀州和青州的袁绍，南边是拥有扬州的袁术，西北边是兖州的曹操。这三家，要数袁绍的势力最大，而且袁绍又曾经做过诸侯的盟主，有这个名头，刘备就得先去拉拢他。

但是，刘备心里也有点犯嘀咕，不知道这事能不能成。因为他之前跟着公孙瓒的时候，曾经去打过袁绍，而且现在袁绍跟公孙瓒还是死对头。好在袁绍还懂得政治，他知道，刘备与自己交好，就等于公孙瓒少了一个帮手，自己多了一个朋友，何乐而不为？如果拒绝跟刘备来往，那刘备就会在自己的背后捅刀子，到时候公孙瓒在前，刘备在后，自己就腹背受敌了。所以他欣然赞同刘备领徐州牧，还大大地夸赞了刘备一通。

如此，刘备就放下心来。因为袁绍忙着收拾公孙瓒，曹操忙着打吕布，自己就不用担心有人来侵犯徐州了。他开始像之前经营平原县那样，有条不紊地治理徐州。他提拔陶谦以前的部下，给他们升官，笼络他们的心；他给朝廷上表，举荐北海相孔融当青州刺史，增进自己与孔融之间的友谊，借助孔融的名士光环为自己提高声望……

然而，乱世的形势是不断变化的。没过多久，一个人的到来，打破了刘备按部就班的节奏。

这个人就是吕布。

曹操的阴谋

话说吕布虽然勇猛，"人中吕布，马中赤兔"，但是要论谋略，他跟曹操可差太远了。而且他手下能打的人也不多，每次上战场，都得他亲自去。曹操手下可是猛将如云，典韦、许褚、曹仁、曹洪、乐进、李典，都很能打，虽然单挑打不过吕布，但是人家人多啊，每次单打独斗打不过，就上去一大群，吕布双拳难敌四手，又没有个能策应他的人，因而屡次被曹操打败。

这次被曹操打败了之后，吕布骑着他那天下最快的赤兔马，一溜儿烟跑到了徐州。

按说吕布跟刘备是没有任何交情的，在此之前，他们没有任何交集。所谓的虎牢关下"三英战吕布"只是后人编出来的一个故事，刘关张三兄弟跟吕布既无交情也无冤仇。但是吕布为什么会跑到徐州呢？原因很简单，因为他没地方去了。袁绍和袁术二兄弟虽然一向不合，但是对于吕布的态度却出奇一致——不欢迎。

吕布想来想去，只能逃到徐州了。徐州刘备刚刚上任，对他这个外来客，至少不会拒之门外。

吕布到徐州的时候，带着家小和几个部将，狼狈不堪。到了城下，才派人去通报刘备。刘备只得出城去迎接他。

吕布说，兄弟啊，我现在落了难，被曹贼给赶到这儿了，你可得收留我。

刘备满脸堆笑说，好说好说。把吕布迎进徐州城。

对于吕布的不请自来，刘备有些措手不及。因为这不是普通的安排住宿问题，吕布带着人马，也不是来旅游，而是要寻找一个立身安命的地方，就相当于当年他带着关羽张飞去投靠公孙瓒。所以，光是管吃管喝，是无法满足吕布的。

此时，刘备在徐州的根基还不稳定。徐州的文官集团跟他并不是一条心，除了糜竺和陈登，剩下的人都是拿工资上班混日子，没打算跟着他长期干下去。幕僚没几个，除了简雍、陈群和孙乾，别的没啥人。而且这三人的谋略也不比刘备好到哪里去。至于武力嘛，真正能用的部队才五千多人，大将也就关羽张飞。而吕布虽然是败军之将，但武力值在那摆着，手下又有张辽和高顺两员猛将，让他们住在徐州城里，是个隐患，早晚会出问题的。

卧榻之侧，岂容他人酣睡？

所以刘备思来想去，就跟吕布称了兄弟，然后把小沛送给了吕布，请这个猛虎驻扎在下面的县里，与徐州城掎角之势，拱卫徐州。

解决了吕布的安置问题，刘备开始安心发展徐州，力图让自己的实力可以跟其他诸侯比拼。

在刘备埋头苦干的时候，长安又发生了大事。

当初杀进长安赶走吕布那两个人，原本都是董卓的爱将，他们连着一条心，手握雄兵，重新又挟持了汉献帝，用献帝的名义诏令天下。汉室的大臣们敢怒不敢言。有几个大臣就联合在一起，商量对策。大家一致认为，要想灭掉这几个恶贼，动武是不行的，因为大家手里没兵。灭掉其中一个也不行，另一个就会做大。必须让他们自相残杀。因而就定下了一条离间计，让那几个人反目成仇，互相厮杀。他们打了几个月，长安乱得一塌糊涂，死了很多百姓。其中强势的一方劫走了汉献帝，往中原跑。结果迎面遇到了曹操的大军，被曹操击溃，献帝转而被曹操挟持走。

抢到皇帝之后，曹操听从谋士的建议，迁都许昌。从此就开启了曹操挟天子以令诸侯的时代。

作为东汉最后一个皇帝，汉献帝从来没有一天是真正做主的。今天被姓董的强盗劫走，明天又被姓曹的强盗劫走，汉献帝这个皇帝实在是当得窝囊。但是，相对来说，被曹操劫走还是件好事，因为曹操虽然是奸雄，但好歹也是个"雄"，能给汉献帝一个稳定的生活，一个安全的保障。而董卓之流，完全就是一狗熊，支撑不了几天就完蛋，会让献帝重新陷入动荡的生活中。在曹操这里，最起码不用再去颠沛流离了。

老实说，都是做囚犯，为啥不找个待遇好点的监狱呢？

当时的汉献帝一定是这么想的。

迁都许昌之后，曹操手握天子，成了最有影响力的诸侯。朝廷大权，尽在他的掌握之中。他说封谁为官，就能封谁为官，说怎样便怎样。大臣的奏章，要先呈给他看，再让皇上看。可以说是呼风唤雨，不可一世，为所欲为。

历史原来这么有趣·汉朝卷——仁义之君刘备

曹操对自己的现状感觉很爽。爽了几个月之后，他慢慢地冷静下来，发现这天下并不完全由他说了算。东边有刘备占着徐州，北边有袁绍占着青州和冀州，南边有孙策占着江东，其余还有公孙瓒、袁术、吕布等一大堆诸侯，这些人的势力范围内，他都是难以插手进去的。

这个发现让曹操很不爽，他觉得一定要把这些人都收拾干净了，他要让自己的命令到达这块土地上的每一个角落，并且得到有效执行。

于是他就找谋士们来商量。

俗话说，柿子要拣软的捏。曹操分析了一下形势，觉得新上任的刘备最好打。而且徐州又是自己父亲被害的地方，不久前被他打败的吕布也逃到了那里，所以准备先去打徐州。

荀彧说：现在我们刚迁都不久，不宜大动干戈。我有一条计策，刘备不是刚接任了徐州牧吗？他还没有得到朝廷的恩准。现在主公可以奏请他为徐州牧，给他好处，然后写密信让他去打吕布，二虎相争，必有一伤。如果是刘备赢了，那吕布就被抓；如果吕布赢了，刘备就被杀。到时候我们再去打徐州就轻而易举了。

曹操听了大喜，立即上表，请立刘备为徐州牧。然后给刘备写了一封密信，让使者送过去。

刘备接过信，款待了使者。使者说，君侯能够被朝廷任命为徐州牧，都是曹公在皇帝面前极力保举你的。

刘备满脸笑容说，谢谢曹公。

使者说，你赶紧把信拆开看看。

刘备拆开一看，心里就明白是咋回事了。他对使者说，你别急，在这玩几天，让我好好想一想。

刘备连夜召集众人商议。因为曹操让他办的是一件大事，他收留了吕布，却又因为一个徐州牧的官位去打人家，这等不义之事，一旦做了，肯定让天下人都笑话。按照他自己的说法就是，此非大丈夫之所为也。

张飞说，吕布本来就不是好东西，跟他讲啥义气？

刘备说，不行。人家来咱这避难来了，算是客人，咱能把客人给杀了吗？

再说，这明显是曹操的奸计，想让我们自相残杀，我们怎能当他的打手！

第二天，吕布听说刘备被朝廷册封为徐州牧，就从小沛到徐州城来向刘备表示祝贺。刘备把曹操的信拿出来给吕布看。

吕布看罢，大吃一惊说，这是曹贼想离间我们俩，让我们相斗，他好坐收渔翁之利！

刘备说，兄弟你别怕，我不会打你的。

吕布赶紧表示感谢。

曹操的使者回去后，就把刘备的态度向曹操汇报了。曹操感觉窝囊，没有玩到刘备，反而送给他一个徐州牧的帽子，真是偷鸡不成反蚀了一把米。

暗的不行，只好来明的了。曹操以天子名义，直接给刘备下令，让他进攻袁术，但同时又派人给袁术报信。

刘备接到诏令，知道是曹操的阴谋，也没办法，因为诏书上有皇帝的大印。

所谓挟天子以令诸侯，天子就是块大招牌，是个工具，曹操养着他，就是为了利用他来达到自己的目的。

诸侯明知道是曹操下的命令而不是天子下的，也不敢违抗。因为一旦违抗就成了抗旨。曹操就更有借口去对付你了。

所以刘备只好整顿兵马，统领三万步马军，往袁术的地盘——南阳进发。临走前，他派张飞驻守徐州，嘱咐张飞少喝酒。

袁术听说刘备要来攻打他，非常生气。因为他自己出身高，祖上四世三公，而刘备是个卖草鞋的，现在却占据了这么大一个州，俨然成为一方诸侯了。但是这厮居然敢来侵犯我！

这就好比是一个叫花子刚把脸洗干净，穿上一套新衣裳，就敢跟一个公子哥抢媳妇了。不由得袁术不气。他派大将纪灵，带十万军，去跟刘备厮杀。两军相见，废话不说，直接开战。纪灵出马跟关羽打了三十回合，打不过，就说先不打了，歇会儿。

回到阵上，纪灵派了自己一个部将荀正来跟关羽打。他对荀正说，你上，关羽是无名小将，我不屑于跟他打。

荀正就出马了。

关羽说，你是谁？快叫你家纪灵出来。

荀正说，你是无名小将，不是俺纪将军的对手。

关羽冲过去，一刀把荀正砍死。

荀正死前才知道，自己是被将军骗了。

但他也来不及骂出口了。

荀正死后，纪灵就赶紧往后撤，换了个防守姿态。刘备一时半会儿也攻不破他的防线，两边就僵持在那里。

正在刘备进不能进，退不能退的时候，他的大本营，徐州出大事了。

刘备临走的时候，让张飞守徐州。张飞答应刘备，不喝酒，不打骂军士。刘备走了之后，张飞就把徐州的官员都召集在一起说，我答应我大哥，从现在起，到他回来，我不喝酒。今天把大家喊来，是喝最后一次。这次完了，大家要陪我一起戒酒，替我看守城池。来，今天都喝个痛快，不醉不归！

众人只得陪着他喝。

张飞挨个敬酒，到了曹豹那里，曹豹说，我从不喝酒。

张飞说，大丈夫成天上战场舞刀弄枪，不喝酒会怎么行？喝！

曹豹害怕张飞，勉强喝了一杯。

张飞给众人敬了一遍之后，自己连饮几十杯，然后又起身给大家敬了一遍。

到曹豹这里，曹豹说，我实在是不能喝了。

张飞说，不会喝？刚才怎么喝了？

曹豹坚持不喝。张飞觉得曹豹不给自己面子，大怒，让军士把曹豹捆起来，打一百鞭。曹豹苦苦求饶，说，你不看我的面子，看在我女婿的面子上，饶了我吧。

张飞问，你女婿是谁？

曹豹说，吕布。

不提吕布还好，一提吕布，张飞就更加恼火了。因为他一直觉得布该死，

占了他大哥的地盘。所以他更加愤怒，你敢拿吕布来吓唬我？硬是把曹豹打了五十鞭子。

当夜，曹豹怀恨在心，就给吕布写了一封信，说张飞喝醉了酒，让吕布趁此机会来夺徐州。

吕布接到信之后，大喜，赶紧披挂上马，带着大军星夜赶到徐州。曹豹作为内应，给他开了城门，吕布便杀进来。当时张飞喝醉了酒，正在熟睡，身边人把他摇醒，说，吕布杀进来了。张飞急忙起身，穿上铠甲，半醉半醒之间，跟吕布大战了一百回合，最后杀出东门，连大哥刘备的妻子家小都顾不上，就逃到刘备那里去了。

刘备得知徐州被吕布夺了，感叹不已，关羽则埋怨张飞喝酒误事，三人情绪都非常低落。

敌人的坏消息就是自己的好消息。袁术听说刘备后院失火，徐州被吕布给抢走了，当时大喜。赶紧给吕布修书一封，先是把吕布夸了一通，说吕布当年杀了董卓，替自己的叔叔一家报了仇，然后说，我长这么大，就从来没听过刘备这号人（术自生年以来，不闻天下有刘备），这卖草鞋的臭小子居然敢进攻我。我给你粮食五万斛、马五百匹、金银一万两、彩缎一千匹，你从背后揍他，我从正面揍他，咱们夹攻他。

吕布是个见利忘义的家伙，当初刘备看他落难，好意收留他，他却乘虚而入，霸占了人家的地盘。现在又被袁术许给他的钱粮财物迷住了，当即派高顺带领五万大军直奔刘备的后方。刘备知道后，就率军走了。高顺扑了个空，问袁术要财物。袁术说，还没捉到刘备，怎么好给你东西？等你捉到了刘备再说吧。

高顺回去后把话带给了吕布。吕布大怒，便要带兵来打袁术。谋士陈宫说，袁术兵多粮食多，不好打，不如把刘备请回来，让他住小沛，以后打仗就派他做先锋。

吕布一想的确如此。自己抢了人家的地盘，不给人家个落脚之地，也太不好看了。于是就派使者去跟刘备联系。

刘备见到吕布的使者，使者说吕布想请他回去住小沛，刘备很高兴。

历史原来这么有趣·汉朝卷——仁义之君刘备

关羽和张飞都说，吕布不是好人，我们不要去。

刘备说，也没别的地方可去了。

于是一行人又回到徐州，吕布先让刘备的一家老小与刘备相见，然后请他到小沛驻扎，送给他粮食，两家从此和好。

曹操的计策再次落空。他想让刘备和吕布互相吞并的阴谋没有得逞。因为折腾一番，刘备和吕布的地位只是颠倒了次序，徐州依旧被他俩控制在手里。

这样的结局显然不是曹操所愿意看到的。之前他爹死在徐州境内，他之所以大张旗鼓地来屠戮一番，不仅仅是为了报仇，更是想借这个名义，把徐州据为己有。但是没想到，人算不如天算。自己忙活半天，啥都没得到。

吕布辕门射戟

心里不爽的不只是曹操，还有袁术。

袁术是个目空一切的人，先前刘备奉朝廷的命令去攻打他，让他这个贵公子觉得自己是被一个臭要饭的扇了一巴掌，虽然没扇到，但是其心可诛。这一巴掌要是不打回去，他以后就没法在"官二代"圈子里混了。

按照袁术最初的设想，小沛虽然在徐州境内，又是吕布以前住的地方，但是吕布他俩刚刚联手打刘备，吕布肯定不会管这个闲事的。所以纪灵只是跟刘备一个人作战。没有吕布的介入，这仗应该很好打。

袁术的谋士说，以吕布的性格，他肯定会管。

第一，主公在不久前许诺给吕布很多财物，让吕布去打刘备。虽然吕布没能抓到刘备，但是人家也出动了五万大军。行军打仗比旅游可费钱得多，五万人出来跑一圈，光粮食得吃多少啊。我们以没有抓到刘备为借口，不兑现承诺，不给吕布钱粮。如果这事是跟刘备这样的人合作，以刘备的脾气，可能就算了。但是跟吕布合作，吕布的为人就是见利忘义，以利益为主，先前为了利益，连提拔他的两个干爹丁原、董卓都杀了，现在不给他钱，他岂能罢休？

第二，吕布虽然见利忘义，但不是一点情义都不讲。他的义，是要拿来换好处的。一旦好处有了，余下来的义，他也会使一点给别人。比如这次他乘虚而入抢了刘备的徐州，后来又为了钱财从后面偷袭刘备，但是想到刘备曾经在自己落难时帮过自己，别人投桃报李，自己最起码也得有所回应吧。因此才会把小沛给刘备住。他既然把小沛给了刘备，看到刘备被打，吕布自然不会坐视不理。

第三，就算吕布跟刘备没有这些恩怨，小沛也是徐州境内的一个县，是吕布的辖区。他怎么可能看着别人来他的地盘上打架？一旦小沛丢了，对于徐州是有百害而无一利。所以，我们打小沛，打刘备，那就是在打吕布。吕布是肯定要出手的。

最后，谋士给出建议，对于吕布这种见利忘义的人，必须用利来收买他，使他则利忘义。

袁术一听，有道理。当即派使者带着二十万斛粮食去见吕布，先打通关节，让吕布不要插手管这事。吕布很开心地答应了。

在唐朝以前，斛是民间对石的称呼。一斛就是一石，是十斗，是120斤。算下来就是2400万斤粮食。

这可是一笔巨款。

袁术信心满满地认为，吕布吃了他这么多粮食，肚子被装满了，肯定能忘义。于是就派纪灵带着三万大军浩浩荡荡去小沛了。

三万大军压境，刘备甚是恐慌。这跟之前他主动出去打袁绍不一样，那时候有兵，现在手上没多少兵可以调动。刘备只好写信向吕布求救。

吕布早就知道会有这事，当即找到谋士陈宫商量道，刘备驻守小沛，对我们没有威胁。袁术去打小沛，如果刘备被打败了，袁术占领了小沛，唇亡齿寒，徐州就会不得安生。不如去帮刘备。

于是，吕布也起兵赶往小沛。

纪灵大军到了沛县东南，在城外安营扎寨，三万人在小县城外面遍插旌旗，搭帐篷，晚上的时候，灯火通明，照亮山川，规模大得吓人。

刘备统共只有五千人，也不得不硬着头皮出来迎战。

吕布到了沛县后，在西南方向扎营。纪灵得知他来帮刘备，非常生气，指责他不守信用。

吕布本想说，信用是啥？后来没说出口，就对纪灵说，明天你过来喝酒。我有个好办法，让你们两家都不怨我。

第二天，纪灵带着几个随从来到吕布的大帐。刚进中军大帐，发现刘备在里面坐着。纪灵连忙往后退，卫士们拦都拦不住。吕布大踏步走出帐去，一把拽住纪灵，跟提小孩子似的将他抓了回来。

纪灵惶恐不已，仰着脸问吕布，将军你是要杀我吗？

吕布说，非也。

纪灵指着刘备说，那你是要杀这个大耳儿？

吕布说，也不是。

纪灵说，我跟他现在是敌人，正在打仗，你请我喝酒，把他喊来干啥？

吕布笑嘻嘻地说，我这人吧，平生不喜欢打架，就喜欢劝架。你们两家，一个对我有恩，一个对我有情。一个送我地盘，一个送我粮食。我总不能看着你们打起来吧，那我就太无情无义了。

纪灵想不到吕布这么厚颜无耻，但又不敢发火就问，那你说怎么办？

吕布取出自己的方天画戟，让士兵拿着，去辕门外远远插在地上。然后指着画戟对刘备和纪灵说，这画戟，离我们有一百五十步远。如果我能一箭射中画戟上的小枝，你们两家就罢兵言和，不要再打了。如果不能，你们随便打，我谁都不帮。但是一旦中了的话，谁还要打，我就打他。

此言一出，可谓是满座皆惊。离得那么远，谁能射得中？纪灵心里是不大相信的，因此他很爽快地就答应了。刘备则是祈祷着吕布能够射中。

只见吕布拿过弓箭，奋力一拉，将弓拉成满月状，瞄准之后，一松手，嗖的一声，弓开如满月行天，箭去似流星落地，一支箭就稳稳地插在了远处方天画戟的小枝上，当时所有人都惊呆了，禁不住喝彩起来。

吕布哈哈大笑说，看见了吧，这就是天意。是老天让你们两家罢兵的。来，各饮一大杯。

纪灵无奈，只得喝了酒回营，拔寨而起，回去向袁术报告去了。

第三章　四海为家　浪迹天涯

袁术得知了事情的来龙去脉，当即大怒道，这个混蛋，拿了我的粮食不办事，立马集合全军，给我过去灭了他，顺便收拾刘备。

纪灵刚刚见识了吕布辕门射戟的神勇，心里已经有了阴影，他才不想跟吕布对垒。听到袁术要全军进攻吕布，当时就赶紧阻拦道，吕布勇猛之极，只可智取，不可力敌。我听说吕布的老婆严夫人生有一个女儿，主公有一个儿子，可以结为秦晋之好。只要吕布答应把女儿嫁过来，我们跟他的关系立马就拉近了。吕布这样的人，只能为我们所用。到时候再让他杀刘备，就轻而易举了。

袁术听了纪灵的话，感觉有道理，就派韩胤去徐州跟吕布提亲。韩胤见到吕布之后，说明来意。吕布走入后堂，跟妻子严氏商议。

严氏说，好啊。我听说袁术钱也多，地盘也大，早晚都能称帝，到时候他死了，他儿子再一即位，咱女儿就能当个妃子了。对了，他有几个儿子？

吕布说，就一个。

严氏说，好啊好啊。到时候咱女儿可就是皇后了。

于是吕布就决定了，嫁。

吕布的谋士陈宫听说后，就来找吕布，说，按照规矩，从下聘礼到出嫁，天子嫁女是一年，诸侯是半年，士大夫公卿是三个月，庶民百姓是一个月。明公你本来应该是按照诸侯的规格的。但是眼下战乱，如果等半年再嫁，被人探知消息，在半路上将您女儿劫走了可怎么办？所以应该立即准备嫁妆，先把令爱送到寿春，另外选一处房屋住着，再选好日子结婚。只要到了袁术的地盘上，就安全了。

吕布听后大喜，说，你说得对。

于是当天就把嫁妆办齐，连夜让部将宋宪、魏续护送着韩胤和车队出了城。一路上鼓乐喧天，吹吹打打，非常热闹。

当时徐州以前的官员陈珪正在家养老，他一听外面这么喜庆，就问下人是什么事情，下人说，这是吕布在嫁女。陈珪一下子就明白了，这是袁术联合吕布要杀刘备。先前刘备当徐州牧的时候，对陶谦留下来的老部下非常好，因此陈珪也很喜欢刘备。他立马跑去找吕布，开口第一句话就是，我听说你的死期到了，我来给你吊孝。

吕布又惊又怒说，先生怎么这样说话！今天是我女儿出嫁的好日子，你怎么来说这晦气话。

陈珪说，上次袁术送你一大批粮食，让你打刘备，结果你和解了。现在又来跟你结亲，这是要把你女儿当成人质啊。他下一步肯定就会率军攻打小沛，小沛没了，徐州就危险了。他要是来借兵借粮，你给不给？你要是不给，你女儿在他手里。你要是给，你疲于奔命，他让你干啥就得干啥。而且袁术一直想称帝，一旦称了帝，那就是造反，他造反了，等于你也造反了，因为你们是亲家。那样，你就成了天下人讨伐的目标了。你觉得这样好吗？

吕布一听，大叫道，陈宫误我！赶快，把车队给我追回来！

于是，车队被追了回来，韩胤也被吕布扣在了徐州。

刚忙活完，手下人向吕布报告，说刘备在小沛招兵买马，吕布不以为然道，领兵打仗，不买马还行？这事正常。

手下人说，可是张飞把我们的马抢走了。

吕布听了大怒，立即带兵前往小沛。刘备听说吕布带着兵马来了，也带着兵马出城，吕布看见刘备，就大骂道，前几天我还在帮你解围，现在你就来抢我的马？

刘备一脸无辜，我派人去买马，没抢你的马啊。

吕布说，问你三弟去！

刘备转头看向张飞，张飞大骂吕布道，我抢你马咋了？你能把我怎么样！

吕布说，大眼贼！你多次藐视我！

张飞说，我抢你几匹马你就恼了，你咋不说你抢了我哥哥的徐州呢？

吕布被呛到了，便不再废话，拿着方天画戟，骑着赤兔马便冲了过来，张飞冲上前去，跟他打了一百回合，不分胜负。刘备害怕张飞受伤，就鸣金收兵，退入城中。吕布率军将小沛城紧紧围住。刘备说把马还给他，他也不退兵。于是刘备与众人商议，脸皮已经撕破，此地不能久留，干脆弃城算了。当今天下曹操是最恨吕布的，不如我们杀出城去，投奔曹操。

于是当夜三更，刘备带着家小居中，令张飞为先锋，关羽殿后，众人打开城门，一起冲了出去。连夜逃奔许昌去了。

一夜之间，刘备再次变得一无所有。

好色的代价

刘备到了许昌，受到曹操的厚待。然而，曹操的谋士荀彧建议曹操杀掉刘备。

荀彧说，刘备是个英雄，如果现在不把他除去，早晚必成大患。

曹操问郭嘉是什么看法。

郭嘉说，现在不是杀刘备的时候。现在正是用人之际，我们以信义来招贤纳士，很多人还不愿意来，如果杀了刘备，就更没人敢来了。除去一个隐患，却阻断了天下智谋之士俊才豪杰前来归顺的道路，那就太不值了。

曹操很认同郭嘉的看法。于是就送给刘备三千兵马和上万斛粮食，让他重回小沛，与吕布对抗。

战乱时代的各种势力之间，没有永远的敌人，也没有永远的朋友，只有永远的利益。因为形势是在不断变化的，只有把握好形势，才能立于不败之地。

所以我们经常会看到刘备一会儿跟吕布闹翻了，一会儿又和好了。一会儿又跟曹操作对了，一会儿两人又结成了同盟。

当然，有些人之间，是永远不能做朋友的。比如曹操和吕布。

曹操的大本营在许昌，吕布在徐州，就在曹操的身后。曹操每次出去征讨，打到一半的时候，吕布就从后面偷袭他的大本营，捅他刀子。对于曹操来说，吕布是他的心腹大患，是卧榻之侧的猛虎，随时都会趁他不注意把他咬死。

所以，曹操从来都不与吕布结盟。他俩是永远的敌人。偶尔曹操会为了大局，暂时地跟吕布虚与委蛇那么一会儿，但是从来都不会有亲密关系。

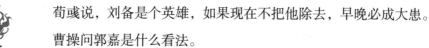

历史原来这么有趣·汉朝卷——仁义之君刘备

刘备回到小沛之后，曹操就准备征讨吕布。结果传来消息，说是南阳张绣联系刘表，打算进犯许昌，劫走皇帝。曹操大怒，就把吕布的事抛诸脑后，先去征讨张绣。曹操深知吕布的脾气，自己去打南阳，吕布肯定又来偷袭，因此就提前给吕布升官，让他跟刘备和解。果然吕布见利则喜，不再从背后袭击许昌了。

稳定住吕布之后，曹操没了后顾之忧，率十五万大军去打南阳。张绣看曹操势力太大，难以抵挡，就听从谋士贾诩的建议，向曹操投降了。结果曹操看到张绣的婶子邹氏长得漂亮，起了色心，就将其召入大帐。

曹操问邹氏，你知道我是谁不？

邹氏说，丞相大名，谁人不知？今天我能看到丞相尊容，真是三生有幸。

曹操阴险地说，我是因为你的缘故，才纳降张绣，不然就把你们张家给灭族了。

邹氏听得心里一惊，连忙谢恩。

曹操看到恐吓收到了效果，就满脸淫笑地说，你愿意与我同床共枕，跟着我回许昌吗？以后荣华富贵，保你享用不尽。

邹氏想到刚才曹操所说的"灭族"，知道无路可选，只好屈从了曹操。

受人之降，淫人长辈，曹操这事干得也太不地道了。张绣得知后，深深地觉得这奇耻大辱不报不为男儿，就在半夜的时候发动了袭击，杀死了曹操的爱将典韦，曹操在逃跑的过程中，长子曹昂、侄子曹安民为了掩护他，把马让给他，都被射死。曹操落荒而逃，狼狈至极，马屁股上也中了三箭，自己也差点被抓。

多亏大将于禁反败为胜，打跑张绣，曹操才得以安全返回许昌。

这一仗，曹操虽然打下了南阳，但是却痛失爱将、爱子。

他为好色付出了巨大的代价。

大事不与女人谋

回到许昌之后，经过休整，曹操决定去收拾吕布。不把这个家伙除去，以后他每次出去打仗，都得给吕布一点好处，这终究不是长久之计。如果每次出去打仗之前就得先给吕布升官，那用不了多久，吕布的官就比曹操的还大了。

大军还没到徐州，曹操就先写信给刘备，让刘备接应。结果刘备的信使被吕布的人截获了，吕布大怒，便率军来攻打小沛。刘备和关张二人各领一军，出城扎寨，结果被吕布大军各个击破。刘备连家里老小都顾不上，慌忙逃走了。关羽和张飞也各自带着一些残兵败将，逃到了山上。

刘备逃跑的时候，身边本来还跟着十几个人。后来跑着跑着，这些人都不见了，就剩下他一个。战场上的刘备，最擅长两个技能，一是装死，二是逃跑。论跑的话，没人比得上他。或许是刘备跑得太快，把随从们都甩掉了，或许是那些人觉得跟着他没前途，都趁乱溜了。反正是身边没人了。看看天快黑了，刘备心里开始慌起来。

忽然听见背后有人喊他，刘备勒住马，回头一看，是孙乾。刘备看到是自己的部下，才放下心来。刘备说，现在我和两个弟弟都失散了，妻子家小也不知道在哪里，怎么办？

孙乾说，只有先投奔曹操，再做打算了。

刘备点点头，两人就开始往许昌的方向策马而去。刘备身上没带钱，肚子饿了只好到村子里去求食。由于他仁义的名声远播，村民们听说他是刘玄德，都争着给他送饭吃，临走的时候还给他拿干粮。

有一次，天色晚了，刘备到一户人家投宿。结果，发生了一件骇人听闻的事。

这户人家的户主叫刘安，是一名年轻的猎人。刘备进去后，自报姓名，刘安一听来者是大名鼎鼎的刘备，慌得不行，赶忙招待。由于家里穷，也没什么好菜，刘安去打猎，一时半会儿也打不到野味，于是就回来把老婆给杀了，用老婆胳膊上的肉，给刘备做菜吃。

刘备吃肉的时候，觉得这肉跟平常吃的不大一样，就问刘安，这是什么肉？

刘安说，是狼肉。

刘备就大快朵颐起来。

第二天早上起来，刘备往后院去牵马，看见一个妇人被杀死在后厨灶旁，这才知道自己昨晚吃的是这妇人的肉。当下伤心不已。见到曹操之后，把这事和曹操说了，曹操就派孙乾去赐给刘安黄金百两。

然后刘备跟在曹操帐下，来打吕布。曹操大军攻破萧关，吕布出徐州城，前来迎战。其实早在此前，曹操就安排了一颗棋子在吕布的身边，那就是陈珪和陈登父子。这父子俩内心对吕布非常不满，早已暗地跟曹操勾结了。吕布出了徐州城之后，陈登就在后面捣乱，假借吕布的名义，乱发号令，致使吕布的部下自相残杀。吕布因此丢掉了徐州城，只能逃回下邳。

下邳紧邻泗水，有天险，易守难攻，吕布在此储存了很多粮草，准备长期固守。

曹操大军压境。陈宫对吕布说，曹操刚来，趁他还未下寨，立足不稳，我们应该出击，打他个措手不及。

吕布说，我连败几阵，不能轻易出兵。如果曹军敢过泗水来攻城，我就趁他们过河的时候把他们全打到水里去。

没过几天，曹军安营完毕，吕布错失良机。

于是陈宫又建议道，曹军刚来不久，对地势也不熟悉。如果将军你率骑兵驻扎在城外，我守着城，曹军进攻你，我就从后面打曹军。曹军进攻我，你就从后面打曹军。两下夹击，用不了几次，曹军就乱了。这是掎角之势。

吕布这次听从了陈宫的建议，因为当时是冬天，他叫下人多带点棉衣，被老婆严氏知道了。严氏问，你要往哪去？

吕布就把陈宫的计谋告诉了老婆。

严氏说，现在敌军就在外面，你孤军在外，一旦城池有什么闪失，我还能当你老婆吗？

吕布一听，就动摇了。

陈宫来催，吕布说，我觉得出城还不如坚守。

陈宫无奈，只得又出一计，说，曹操军粮短缺，现在正派人从许昌运

送军粮。将军你不如率一支骑兵前去截断他的粮道。一旦曹军没有了粮食，自然就退兵了。

吕布很赞同，但是又回去告诉了他老婆严氏。严氏一听，就开始哭哭啼啼，将军要是出城去了，高顺和张辽怎么能守住城池！一旦城池被破，我怎么办呢？好吧，将军多为您的万里前程着想吧，不要在乎我了。

吕布听不得女人哭，老婆一哭，他就没了主意。于是又出来对陈宫说，曹操一向奸诈，军中无粮是他的计谋，想要引诱我出城，我偏偏要坚守。

陈宫长叹一声，我等死无葬身之地也！

古人云：大事不与女人谋。古代的女人多数大门不出二门不迈，又不读书，见识短浅，所在意的无非就是家中琐事，"眼光只有二尺远"。而吕布作为一方诸侯，身上担负着多少将士的性命，却每每在行军打仗这些事上，向老婆讨主意，问看法，这就如同问一个渔夫怎么打铁，问一个放牛娃怎样治国一样，肯定是得不到正确答案的。

吕布之死

吕布不听陈宫的建议，利用有利地势打击曹军的计划是不能实现了。眼看曹军越逼越紧，吕布的另外两个谋士许汜和王楷就对吕布说，袁术现在在淮南势力很大，兵马雄壮，前不久还要跟将军结亲。现在我们被围，为什么不向他求救呢？如果他的救兵到了，内外夹攻，曹操肯定大败。

吕布一向是耳根子软，谁说什么就是什么，听得快，下决断也快，当然改变得也快。不过这次他总算坚持住了。

他就派这两个谋士去拜见袁术。

袁术说，吕布上次杀我的使者，不是已经拒绝了联姻吗？现在城池被围，又想联姻了？如果不是曹操围城围得急，吕布会嫁女？

王楷说，上次是中了曹贼的奸计。这次如果您不救我家将军，唇亡齿寒，曹操下一步肯定要攻打寿春，对您也不利。

袁术说，我不管那么多，吕布是个反复无常言而无信的小人，要想我出兵救他，必须先把他女儿送过来才行。

许汜和王楷没办法，只得回来禀报吕布。吕布说，这怎么送？外面全是敌军。

王楷说，除非将军亲自护送，不然没人能够突破重围。

吕布点点头。第二天，他用棉袍把女儿裹起来，再用铁甲包着，背在背上，骑着赤兔马，拿着方天画戟，带着高顺、张辽，引领三千军马冲出城去。当头就碰到了关羽、张飞。吕布无心恋战，夺路而走。后面曹操的部将徐晃、许褚又杀了过来。吕布虽然勇猛，但是身上背着自己的女儿，不时地要分心，不敢过分用力厮杀，因此左冲右突，还是没能突围。最后被逼回城，女儿也没送出去。

吕布回城之后，心里非常郁闷，整天和妻妾一起喝闷酒。曹操看他坚守不出，就决泗水淹城。下人向吕布报告，结果吕布却说，我有赤兔马，在水中如履平地，怕他怎地！

作为一个老大，这是一句非常自私的话。你是不怕了，可是将士们呢？赤兔马只有一匹，你是活命了，别人怎么办？

在生死关头，一个只顾着自己性命的将领，是不可能打胜仗的。

所谓身先士卒，是自古以来优秀将领的必备素质。从这一点来看，吕布不是一个好的将军，他只是一个空有一身武艺和蛮力的莽夫。

喝了几天酒，吕布忽然觉得身体有些不适。照镜子一看，形容憔悴。当即大惊失色道，我被酒色伤身了！于是下令，全城禁酒，违者处斩。

吕布有个部将叫侯成，侯成的一个马夫，盗了十五匹马准备投靠刘备，结果被侯成抓获，把马夫杀了，把马夺了回来。大家都纷纷向他贺喜。侯成也开心，就拿出自家酿的五六斛酒，又逮了十几头猪，准备跟众将一起庆祝一下。因为害怕触犯吕布的禁酒令，侯成就先带了半头猪、五瓶酒去见吕布，把事情的来龙去脉前前后后都说了一遍。

不料吕布当时大怒道，我刚颁布禁酒令，你就来顶风作案，还和众将一起喝酒称兄弟，难不成是想谋反？说着，就让手下人把侯成推出去斩了。

众将士知道了，纷纷进去求情。吕布说，看在你们面上，打他一百下。

一百下，不死也重伤。众将又求情。最后打了五十下。

这五十下，可不仅仅是打在侯成身上，也打在了其他部将的心上。大家都觉得，如今是用人之际，我们为你拼命，连瓶酒都喝不得了？

又联想到吕布平日听信妇人之言，把他们将领的意见当成耳边风，众将士都很生气。于是大家就有了投降之心。侯成与宋宪、魏续商量定了，侯成先把吕布的赤兔马偷走，然后由宋宪和魏续作为内应献城。

按照《三国演义》的记载，这一天，曹军围攻白门楼，吕布打得乏力，在城楼上闭眼休息片刻，结果被宋宪和魏续用绳索捆住，献给了曹操。按照《三国志》的记载，吕布是自己走下城去投降的。不管是哪一种，总之，吕布是在众叛亲离万般无奈的情况下失败了。

下邳城被攻破，吕布、陈宫、高顺、张辽都被擒获。

吕布身材高大，被一团绳索紧紧捆住。他疼得喊起来道，绑得太紧了，松一松！

曹操说，绑老虎不得不紧，松了就跑了。

吕布看到侯成、宋宪、魏续也站在一边，就质问道，我对你们不薄啊，为什么背叛我？

宋宪说，你听妻妾的话，不听将领的话，这也是不薄？

吕布默然。

高顺被押过来的时候，吕布看了他一眼。高顺是最忠于吕布的人。他为人清白，有威严，从不饮酒，治军有方。他所带的"陷阵营"，仅七百人，号称千人，士兵的素质高，装备精良，战无不克。他经常劝谏吕布说，自古国破家亡的领袖，不是因为没有忠臣智士，而是因为忠臣智士得不到重用。将军做事不加考虑，往往造成大的失误，应该改一改了。吕布虽然知道他忠心，但是依旧不信任他，还故意限制他的兵权，不过高顺自始至终没有怨恨过吕布。

高顺死到临头依然对吕布忠心耿耿，坚持不肯投降曹操，被曹操下令斩了。

吕布才忽然发现，他对不住这个兄弟。

吕布身上有什么魅力，吸引了这个铁血男儿为他卖命，忠心耿耿，至死不渝？

难道是吕布的英勇在他心里成了乱世军人的标杆和榜样？

我们无从得知。

但是，从简短的史料里，我们看到了这个名气并不大的将领身上闪光的一面——忠心。单单就这一点来看，他比他的主公要强太多。

斩了高顺之后，是陈宫。

说起来，陈宫跟曹操还有很深的交情。当年曹操刺杀董卓未遂，连夜逃出洛阳。董卓发出通告，画影图形，在全国范围内通缉他。曹操逃到今天的开封中牟县的时候，被当地的军士认出来，抓住送给了县令。

那个县令就是陈宫。陈宫知道曹操刺杀董卓，心里佩服不已，就扔了大印，跟着曹操跑了。在逃亡到成皋的时候，天色晚了，曹操说，前面有一个庄子，庄主是我父亲的结义兄弟吕伯奢。我们今晚先在他那里住一宿。

陈宫说，好。两人便进了庄子。吕伯奢接到二人，请他们到正堂里坐下，非常高兴地对他俩说，家里没酒，我到村西头打点好酒来。说着就骑驴匆匆走了。

曹操与陈宫坐在屋里，忽然听到后院有磨刀的声音。曹操疑心重，就对陈宫说，吕伯奢不是我至亲，他这匆匆一去，会不会是告官去了？

陈宫也有点怀疑。两人蹑手蹑脚走到草堂后面，听见有男子说，把它抓起来，杀了，怎么样？

曹操与陈宫飞快地对视了一眼，然后持剑跃出，见人就杀，将吕伯奢一家八口全都杀死了。杀完之后，才发现，厨房里绑着一头猪。

原来，人家是要杀猪款待他们俩。

陈宫当时悔恨不已。曹操也沉默良久，凄怆地说了句："宁我负人，毋人负我！"

因为一时疑心而酿成如此大的惨剧，曹操此时的心情是常人难以想象的。任何一个人，只要是个人，在此时此刻，都绝对不会意气勃发地说什么"宁教我负天下人，休教天下人负我"。曹操此时最真实的心态应该是悔恨交加。

当然，这件惨案是陈宫和曹操一起导致的。陈宫也有罪。

按照《三国演义》的说法，他俩在误杀了吕伯奢全家之后，仓皇出逃。谁知刚出门不久，就碰到了打酒归来的吕伯奢。吕伯奢喊二人回去喝酒，却被曹操一剑砍死在驴下。陈宫大惊道，刚才是误杀，现在为何要杀他呢？曹操说，吕伯奢回去之后，看到家人惨死，肯定会去报官。所以干脆把他也杀了。陈宫嫌曹操太残忍，当夜就离去了。

但事实上，两人在误杀吕伯奢全家之后，就离去了。并没有碰到吕伯奢，曹操也没有杀吕伯奢。这个多出来的情节，是《三国演义》的作者或者是民间艺人添加上去的，为的是刻画曹操的凶残形象。

谁都不知道，年迈的吕伯奢在打酒回家之后，看到自己全家惨死尸体狼藉的场面，会有何反应。他的晚年生活又是怎样凄凉地度过的。

对此，史书没有任何记载。

而后来陈宫之所以离开曹操，则是因为曹操后来杀死了很多文人名士，包括当时的大名士边让。这才导致陈宫与曹操反目成仇，从而跑出去辅佐吕布，跟曹操作对。

这次陈宫被曹操抓获，曹操念着两人昔日的交情，就想让陈宫投降。但是陈宫决意赴死。

曹操问道，公台（陈宫的字），你平常老是认为自己智谋高远，现在怎么被我抓了？

陈宫愤恨地看着吕布道：我恨这个小子不听我的话，否则也不会被你抓住。

曹操说，那你打算怎么办？

陈宫说，今日之事，唯有一死而已。

曹操说，你死了，你老母亲咋办？你妻子女儿呢？

陈宫说，我听说以孝治天下的人，不害别人的双亲；以仁政施天下的人，不杀别人的儿女。我老母亲和妻子儿女的性命，都在你手上。我没有什么可挂念的。

说完，陈宫大步走出去，曹操无法挽留，只得送他下楼，令人厚待他的家人。

陈宫死后，轮到吕布了。

吕布心里没有义的概念，当然也没有原则和尊严。为了利益，他曾经杀过两个干爹。他这样的人，不会像陈宫、高顺那样，为了荣誉、尊严或者是信念而慷慨赴死。他永远都是为了利益而活着。

不要指望吕布能干出什么光彩体面的事来。因为他根本不知道什么是光彩和体面。

吕布是主动投降的，他以为，以曹操爱惜人才的性格，自己的一身武艺肯定会得到青睐，肯定能找到用武之地。最起码，活下来是没问题的。

曹操送陈宫下楼时，吕布看到刘备在身边坐着，就对刘备说，玄德，今天你是座上客，我是阶下囚，你不帮我说句话吗？

刘备点点头。

于是曹操上来后，吕布就对曹操说，你向来就忌惮我，现在我归顺你了。你带领步军，我带领骑兵，天下尽在你掌握之中。

曹操不置可否，问刘备道，玄德意下如何？

刘备不阴不阳地来了一句，您没看到丁原和董卓的下场吗？

吕布盯着刘备大骂道，大耳贼，你最不讲信义！

曹操本来还打算放了吕布，被刘备这句话刺激到了，就命令把吕布牵下楼缢死。吕布下楼时，还在向刘备呼救，大耳贼，不记得当年辕门射戟的事情了吗？

他至死还没醒悟过来，其实，刘备也很想杀他。

如果当时刘备不在场，不来那么一句，很有可能，以曹操爱才惜能的脾气，他就真的活下来了。

他还不如不向刘备求救。

纵观吕布的一生，他是个猛人，但真不是个聪明人。他符合头脑简单四肢发达的定义。

吕布一死，张辽归顺，曹操就再也没有了后顾之忧，徐州全境都被曹操收入囊中。而刘备再也没有了容身之处，徐州、小沛，都不再属于他，他只能跟着曹操回到许昌，从昔日徐州的最高长官变成了曹操的笼中鸟。

前途，再一次渺茫起来。

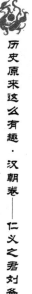

历史原来这么有趣·汉朝卷——仁义之君刘备

第四章　韬光养晦 逃脱牢笼

不可一世的曹操

由于曹操出兵打仗打的是朝廷的旗号，因此打完了仗，就得表奏朝廷，论功行赏。刘备在徐州之战中也出了不少力，曹操就带他去见汉献帝，为他请功。

汉献帝问，爱卿祖上是谁啊？

刘备就赶紧把自己的身世搬了出来，臣是中山靖王之后，孝景皇帝玄孙、刘雄的孙子、刘弘的儿子。

汉献帝看他也是帝室之胄，与自己同出一脉，心里很高兴，赶紧教宫人取族谱查阅，结果一路排下来，发现刘备比自己还大一辈，理应喊皇叔。于是皇帝就把刘备请到偏殿，两人叙了叔侄之礼。皇帝心想，我整日被曹操玩弄于股掌之中，不得自由，现在有这么一位能干的皇叔，对付曹操就容易得多了。当下就封刘备为左将军、宜城亭侯。

自此之后，刘备又有了一个新的称呼——刘皇叔。

皇叔这个称号，实在是气派得很。经后世史学家考证，刘备的家谱无从查起，早就弄不清了，他故意称自己是"帝室之胄"，为的就是跟皇帝攀上亲戚。但不管这是刘备的计谋还是历史真相，刘皇叔这个称号的确让他受益匪浅，增光不少。因为人们再喊他"皇叔"的时候，很难再把他跟卖草鞋的穷小子联系在一起。虽然比不上袁绍和袁术的"吾家四世三公"，但也不敢小瞧他了。

这就是光环效应。

但是身在曹操的控制之下，连皇帝本人都没有自由，就别说他这个皇叔了。名头是虚的，拳头才是实的。

而曹操自从得了南阳，又打下徐州之后，所控制的地盘进一步扩大，势力如日中天，在朝廷里说一不二，文武百官无人敢违拗他的意思。放眼整个天下，唯一能够跟他抗衡的，就只有袁绍了。而袁绍正在跟公孙瓒征战不休，根本没空来对付他。曹操就越发耀武扬威起来。

有一天，曹操在百忙之中，抽空组织了一次打猎活动，请汉献帝打猎。汉献帝本来不想去，也被逼着去了。到场一看，曹操带了十万士兵，心里顿时一颤，这哪是去打猎啊，这分明就是打仗。

路上，曹操和皇帝并马而行，就相差一个马头的距离。这是非常"大不敬"的一个举动，但是没人敢去纠正他，礼官们早就屈服在他的淫威之下了。

当时刘备和关张二兄弟也带着几十个随从跟在打猎的队伍中。皇帝看到曹操不可一世的样子，心里来气，想到自己前日认的那个皇叔，就想看看刘备的武艺怎样。刘备接到宣召，骑着马过去，正好看见一只兔子，他搭弓射箭，一下子就射中了，皇帝喝彩不已。

忽然，山坡处又跳出一只鹿来。皇帝连射三箭，都没中，就把弓箭递给曹操说，爱卿你来射。曹操接过皇帝的金弓金箭，扯开弓，嗖的一声，那鹿应声而倒。远处的百官看到鹿中了金箭，还以为是皇帝射的，都三呼万岁。没想到曹操策马往前走了几步，挡在皇帝的面前，接受百官的祝贺。这一下，惊煞旁人。文武大臣没想到曹操这么胆大妄为，都变了脸色。关羽在刘备身后，气得不行，提着青龙偃月刀，就要拍马而出去杀曹操，结果被刘备使眼色挡了下来。

因为刘备看得很明白，曹操的动机其实很简单，一是耀武扬威，二就是测验下，看文武百官还有谁对他不服气。这个时候，轻举妄动是不妥的，只会掉到曹操设置的圈套里去。曹操敢那样放肆，肯定有他的理由。皇帝身边跟的一大堆武将，看似是保护皇帝的，其实都是保护曹操的，他们是曹操的人。这么多人围在曹操和皇帝身边，关羽肯定很难得手，到时候，不仅没能杀掉曹操，说不定还会被曹操以弑君的名义把他抓起来。而且，纵使关羽得手了，那些武将看到有人敢对曹操不利，也立马就会对皇帝下狠手。因此不论是什么结局，动手都不是一个好的选择。

打猎活动结束后，曹操很满意，皇帝很生气。曹操满意是因为他觉得没有人敢对他不满，皇帝生气是居然这么多人看着曹操那么嚣张而无动于衷，难道他们的工资都不是我发的吗？

严格来说，还真不是他发的。如果没有曹操，可能连他这个皇帝都没有了。

但是汉献帝不愿意这么想。汉朝的帝祚延续到他这里，不能就这样没了。世道再乱，君臣之间还应该有个尊卑之分。曹操再强大，也只是个臣子，应该听他的话。

汉献帝不懂，这世间没有永恒的规矩，什么都是在变化的。

他回到后宫，跟皇后哭诉，大骂曹操是乱臣贼子。

此时的献帝，从被董卓立为皇帝以来，已经从最初那个小孩子成长为一个十九岁的青年了。这些年来，他被这几个绑匪绑来绑去，经常连口安稳饭都吃不上。在颠沛流离的生活中，他也日渐成熟，看清了时局的变化。史书上经常把汉献帝描写成一个懦弱无能的皇帝，事实上，他是一个很有志向的人。他希望自己能够重振汉室。但是，面对着比自己大几十岁的老谋深算的曹操，他又能怎么样呢？连吕布这样勇冠天下的人，都被曹操收拾了，他又有什么资本可以跟曹操对抗呢？

献帝越想越悲伤，哭得更大声了。

这时，皇后的父亲伏完走到他身边，对他说，陛下，你是想除掉曹操吗？我可以帮助您。

献帝擦擦眼泪，说，你可以吗？

伏完说，我老了，手里也没权力。满朝文武，不是曹操的亲戚，就是他的门生，要想扳倒曹操，必须找皇亲国戚才行啊。国舅爷董承，现任车骑将军，可以共谋大事。

献帝说，国舅爷当然可以托付，但是周围都是曹操的耳目，恐怕事情会泄露啊。

伏完说，陛下可以把密诏藏在玉带里，然后赐给国舅，让他回家再仔细翻看，这样就可以避过曹操的耳目了。

于是献帝就咬破指尖，用血写了一封诏书，让伏皇后小心地缝在一条紫色玉带之内，自己穿锦袍，把玉带系在身上。然后宣召董承。君臣两人聊了几句之后，进了太庙，上了功臣阁。汉献帝指着阁中张良和萧何的画像说，爱卿你也应该像他俩侍奉高祖一样侍奉朕。上次你救驾，我还没赏赐你，今天特地赐给你一领锦袍，一条玉带。这是我经常穿的，你穿在身上，就如同在我左右一样。

董承赶忙道谢。

献帝回头看了看，周围没什么人跟来，就对董承耳语道，回去后要仔细查看，不要辜负了朕的良苦用心。

董承听出来话里有话，就把袍子穿上，玉带系上，拜谢下楼了。

没想到，刚到门口，就碰上了曹操。

原来曹操听人报告说皇帝在太庙秘密会见董承，就过来查看。正好撞见董承。曹操大喝道，国舅从哪来？

董承说，刚才皇帝赐我锦袍玉带。

曹操问，为什么赏赐？

董承说，天子念我上次在西都救驾，所以才赏赐。

曹操说，把你那玉带解下来我看看。

董承知道玉带里有东西，不想解，曹操就让手下人过去解了下来。

曹操拿在手里把玩一番说，果然是好玉带。袍子呢？

董承就把袍子也脱了下来。

曹操穿上袍子，系上玉带，得意地问身边人，我穿着咋样？

随从都说，好。

曹操仔细检查了一番，没发现什么，就对董承说，国舅，皇帝赏给你，你转赠给我，咋样？

董承说，这是天子所赐，我不敢转赠。丞相想要的话，我再制一身来送给丞相。

曹操把眼一瞪说，莫非这里面有什么阴谋？

董承大惊道，我怎么敢？丞相真想要，就拿走吧！

曹操哈哈大笑说，跟你开玩笑的，看把你吓的。

说完把袍子脱下，连玉带一起还给了董承。

曹操的多疑和奸诈真是到了无以复加的程度。这一番盘问，可把董承吓得不轻。董承失魂落魄地回到家中，定下神来，细心翻检锦袍和玉带。刚才天子的耳语让他意识到，这里面肯定有玄机。但是他翻来覆去地找，找了很久，也没找到。当然了，如果轻易被他找到，那曹操在白天的时候也肯定发现了。

董承找得疲倦，不知不觉有点想要睡觉。忽然油灯的灯花落到了玉带上，董承惊觉，急忙用手去拂拭，但已经晚了，玉带被烧出一个小洞。董承捧到眼前细看，发现玉带里面隐隐有血迹，于是赶紧找了一把刀，把玉带拆开，结果就找到了天子的密诏，密诏内容就是让他想办法除掉曹操。

董承看了天子以血写诏书，禁不住痛哭流涕，但是思来想去，以自己的力量，根本对曹操构不成任何威胁，更别说杀他了。现在谋杀曹操，比当年谋杀董卓还要费力。因为曹操比董卓更狡猾，势力更庞大，关系更复杂。

所以当务之急是找帮手。

但是这种事，又不能轻易地向别人透露。总不能拉个大臣就问，皇帝要我杀曹操，你想不想跟我一起干？

满朝文武，多数都是曹操提拔起来的，一不留神就会露馅。

所以，最难的是找准目标。

经过多次试探，董承找到了以下几个人：工部侍郎王子服、长水校尉种辑、议郎吴硕和昭信将军吴子兰。

这几个人，都是对汉室忠心耿耿的。他们看了皇帝的诏书，义愤填膺，拍着胸脯保证，愿意为天子赴汤蹈火。即便是死在曹操的刀下，也在所不惜。大家都在诏书上签了自己的名字。

第四章　韬光养晦　逃脱牢笼

生，我所欲也。义，亦我所欲也。二者不可得兼，舍生而取义者也。

这帮在儒家文化浇灌下成长起来的士大夫们，自始至终都没有忘记忠义二字。他们或许一时被强大的暴力所压服，但是一旦有机会，那些萌芽还是会从石头边上长出来。

不过，他们并不是书呆子，在尽量保密的同时，他们决定要找一个英雄人物。这个人，必须经受过战火的洗礼，他的势力可以没有曹操大，但他的眼光和胆识却一定能够跟曹操抗衡。有这样的人加盟，他们的胜算才会大一些。

于是，他们把目光聚焦到了刘备身上。

最先提到刘备的是董承。因为刘备当时跟曹操关系很近，在众人的潜意识里，认为他是曹操的人，所以董承的提议立马遭到了众人的反对。

董承自信地说，刘玄德肯定不是曹操的人。第一，刘玄德才被天子认作皇叔，感恩不及，怎么可能顺从曹操。第二，刘玄德是位人杰，早晚可与曹操平起平坐，他目前只是蛰伏不出韬光养晦而已。他早晚都会跟曹操干起来。他跟曹操反目成仇，只是时间的问题。第三，前些日子在围场的时候，刘玄德的二弟关云长看到曹操无礼，当时就准备斩杀曹操，却被刘玄德阻止。说明玄德并不是不想杀曹操，而是另有打算，只是时机还不成熟罢了。

董承的分析让在座的几位连连点头。于是大家就委托他去找刘备。董承连夜去见了刘备。

刘备说，国舅半夜到我这里，肯定是有大事。

董承说，我白天没来，是怕曹操看见。

刘备表示不解。

董承说，我前些天在围场里，看到云长想要杀曹操，你摇头使眼色制止了他，是不是？

刘备大惊失色说，你咋知道？

董承说，别人没看见，我可是看见了。

刘备只好承认说，是，二弟看到曹操僭越，就发怒了。

董承就哭道，如果满朝文武都像云长那样，天下就太平了！

刘备说，怎么了？曹丞相治理朝廷，很好啊。

董承说，亏你还是皇叔，居然说这种话！曹操弄权，挟制天子，难道你看不见？

刘备说，我怕你是曹操派来试探我的，所以我也试探试探你。

董承看到刘备已经把话挑明，就拿出皇帝的诏书给刘备看。刘备的反应和大家是一样的：痛哭流涕，痛不欲生。

作为新时代的人，我们对于古人这种行为经常会有一个定义：愚忠。并且认为他们是封建的，是奴才性。

然而，抛开这些标签，仅从人性的角度去看，我们会觉得这是很自然、很正常的一件事。

因为，这个叫皇帝的人，给了这些大臣们荣华富贵，给了他们超越常人的优裕生活，让他们整个家族都免于饥饿，免于困苦。可以说，皇帝就是大臣的恩主。为了报恩，大臣们愿意做出牺牲。知恩图报，这是人的本能。

换句话说，有人送给你一辆车，你肯定对他感激不尽，他有什么事，你会尽全力帮他。他再送你一套房呢？你肯定认为他就是你的大恩人。他要是再送你一个官当，让你威风八面，受人追捧，你肯定就对他感恩戴德了。

而对于当时的那些大臣们来说，皇帝送给他们的东西可远不止是一辆车、一所房、一个官。他的整个家族，都是既得利益者，所以他们肯定要维护皇帝，为皇帝做事。

当然，皇帝赏给他们的东西，都是从老百姓那里拿来的。所以，"当官要为民做主"，一边拿着皇上发的工资，一边还要心系苍生，为百姓着想。

这是在君主制时代一个大臣的本分，也是他们所能做到的极限。

刘备洒了几滴泪之后，对董承说，你都大义凛然了，我作为皇叔，怎么能往后站呢？

于是也在诏书上签了字。

谋杀曹操是一场大政变，见惯了风云变幻的刘备，在董承临走的时候，再三嘱咐他，一定要做好保密工作，要缓缓图之，不能急于一时。

煮酒论英雄

自从在诏书上签了自己的名字之后，刘备就更加谨慎了。他知道，以曹操的多疑和精明，这种事情很容易就会被他觉察。所以刘备就韬光养晦，在自己住处的后院种菜，每天亲自挑水浇灌，闭门不出，不与王公大臣们交往。

关羽和张飞很不解，大哥不学着出去与别的大臣相交，怎么改学种菜了？

刘备说，这事你俩不懂，就不要问了。

有一天，关羽和张飞出去学习骑射，刘备一人在后院浇菜，忽然许褚和张辽来请，说是曹操有事找他。

刘备很紧张，问，啥事？

许褚说，不知道，只是让我来请你。

刘备忐忑不安地到了丞相府，曹操拉着他，到了后院，指着后院的梅树说，去年我去南阳讨伐张绣，路上将士们口渴，我就心生一计说，"前面有梅林。"将士们一听，就不渴了。今天偶然看到后院梅子青青，就想到了去年的事，觉得这青梅是功臣啊，也是美景，不能不赏，所以备好热酒，请你来赏梅。

刘备这才放下心来。两人来到一座亭子里，相对而坐，开怀畅饮。

喝到一半的时候，天阴了下来，好像要下雨。古人认为，龙能行云布雨，下雨都是龙造成的。于是曹操兴致大发，问刘备道，就知道龙是怎么变化的吗？

刘备觉得，在曹操面前一定要藏拙，知道也说不知道。所以就采取了一问三不知的对策，说，我不知。

曹操慨然道，龙是变化莫测的。它能大能小，能升到天上也能隐没海里。它的变化，是根据周围环境而改变的。龙就好比是英雄，能屈能伸。玄德曾经游历四海，肯定知道当世的英雄，来，讲给我听一听。

刘备还是老一套，说，我哪知道啊。

曹操说，你少谦虚了，快说。

刘备说，我是受丞相你的厚恩，才入朝当了官。我真不知道当今世上有什么英雄。

曹操有点不耐烦了，这小子怎么不会聊天呢？就冲着刘备说，你就算没见过，也听过吧。随便聊聊。

刘备就说，淮南袁术，兵多粮食多，算不算英雄？

曹操哈哈大笑说，就他？他不算英雄，我早晚要活捉了他。

刘备说，袁绍呢？袁绍雄踞冀州，地盘大，手下能人多，他算不算英雄？

曹操说，袁绍好谋无断，胆小怕事，见利忘义，不足以称为英雄。

刘备说，刘表呢？刘表占据荆州，颇有声望。

曹操说，刘表也是个徒有虚名的家伙，有名无实。

刘备说，孙策呢？

曹操说，孙策是靠着他爹孙坚的名气，他不是英雄。

刘备说，益州的刘璋呢？

曹操说，刘璋虽然是皇室宗亲，但就是个看门狗罢了，他算不得英雄。

刘备说，南阳的张绣、汉中的张鲁、西凉的韩遂呢？

曹操拍掌大笑道，这些人都是碌碌之辈，平常人，算得上哪门子英雄？

刘备说，那我真不知道谁是英雄了。

刘备的问，其实是在被动的答。他本来不想问，曹操却逼着他问，这让他感觉很不爽。而且他把天下各路诸侯都说了个遍，全被曹操给否决了，那说明曹操心里就只有他自己。被曹操逼问至此，刘备接下来应该说的是——看来只有曹公是当今的英雄。但他偏不说，偏不去恭维曹操，看他怎么办。

结果，让刘备意想不到的是，曹操自己把自己说出来了，并且，还带上了刘备。

曹操指着刘备说，当今天下英雄，只有你和我！

这一句话，让刘备大吃一惊，手中的筷子到掉到了地上。他深深地感到，曹操那双锐利的双眼，仿佛已经洞穿他的内心，知道了他的秘密，了解他的志向。一旦真的是这样，他就危在旦夕了。因为曹操会立即把他当做敌人，满身披挂来打他。而他却几乎没有任何防御能力。

正好天上打了一个雷，给刘备带来了一个借口。刘备赶紧说，唉，让雷吓成这样。

曹操笑着说，大丈夫还怕打雷吗？

刘备说，古代的圣贤听到迅雷，看到狂风，都禁不住害怕起来，我怎能不怕？

曹操也就没再说什么了。

其实，刘备是有点多虑了。以曹操的狂妄，任何人都入不了他的法眼。所谓的天下英雄只有你我，是曹操在夸自己的时候，不好意思无视刘备，才说了句客套话。因为从破黄巾开始，到现在诸侯割据，十几年过去了，袁绍、袁术、公孙瓒、刘表、孙坚的儿子孙策等，都有自己的地盘和势力。而刘备，依旧没有属于自己的领地，手下还只是关张二兄弟。这发展的速度也太慢了，从某种程度上，反映了刘备的能力。况且当初在徐州的时候，刘备连吕布都打不过，而曹操很轻易就把吕布给打败了。

所以，曹操对于刘备，心里面其实是有点轻视的，这一点很快就得到了印证。

第二天，手下人向曹操报告，说袁绍击败了公孙瓒，公孙瓒已经死了，袁术的部下都背叛了袁术，袁术众叛亲离，只好拿着传国玉玺去投奔哥哥袁绍，现在正走在半路上。

刘备听说老同学死了，心里很是悲伤。毕竟当年老同学帮过他不少忙。同时又想摆脱曹操的控制，就主动请缨，要求去拦截袁术。曹操便在皇帝面前奏请刘备为大将，率五万人马，去截击袁术。

如果说，曹操心里忌惮刘备，认为刘备是一个英雄的话，曹操肯定不会给刘备这么多的军马，放虎归山。他之所以会这么做，自然是因为，在曹操心里，刘备不可能翻出什么大浪来，一切尽在他的掌握之中。

当然，防备还是要有一些的。为了防止刘备卷走自己的兵马，曹操派了手下两个不太出名的将领朱灵、路昭跟着刘备当副将。但是这样的防备等同于无，因为军队的指挥权在主将手中。

放走刘备，大概是曹操一生最大的几个失误之一。后来的岁月里，这个被他轻视的人，给他带来了无尽的麻烦。

袁绍伐曹

刘备离开许昌的时候，拜辞皇帝。汉献帝泪眼婆娑，不想让他走。董承也跑了很远来送他，渴望有一天他能回来，诛杀曹操。

而刘备当时的心情就是，赶紧走，离开这个牢笼。回不回来是以后的事，眼下最要紧的是离开。他自己还自身难保呢，就先别说杀曹操了。

到了徐州，刘备先回家看了看家人，然后就派人打探袁术的下落。探子说，袁术的部将雷薄、陈兰都到嵩山落草为寇去了，袁术把自己的帝号让给了袁绍，还准备带着玉玺投奔袁绍。袁绍让袁术先到徐州等他，他立马派大军来与袁术会合。袁术就收拾了自己称帝时那些宫廷里的东西，令纪灵作先锋，来到徐州。

刘备率五万军，与袁术军相遇。两军交战，张飞几下就斩杀了纪灵，把袁术军杀得尸横遍野。袁术落荒而逃，粮草又被雷薄和陈兰劫走，寿春又被一群贼寇抢占。他无处可去，逃到江亭，身边只剩下千余名老弱病残的人马。仅有的三十斛粮食，让士兵们分着吃了。袁术的家人都被饿死了。袁术奢侈惯了，吃不得粗茶淡饭，就让厨子给他端一碗蜂蜜水止渴。厨子说，只有血水，哪有蜜水！

袁术听了，大叫一声，吐血而亡。

当年声称自己有生以来从未听过刘备的人，就这样被刘备逼死了。

袁术死后，他的侄子袁胤扶着他的灵柩到了庐江，被徐璆杀死。徐璆从袁胤那里得到了玉玺，然后送给了曹操。曹操大为高兴，封徐璆做了高陵太守。从此玉玺就落到了曹操手里。

袁术已死，刘备的军事任务就算完成了。按说他的下一步行动应该是回许昌向皇帝复命，其实就是向曹操复命，把军马还给曹操。但是刘备只把曹操派过去的那两个副将打发走了，自己却带着大军，住在了徐州。

曹操得知后，大怒，派使者私下里去见徐州刺史车胄，让车胄设计除掉刘备。车胄与陈登商量，陈登就把车胄的计谋告诉了刘备。结果车胄反被刘备杀死。

这一下，算是彻底跟曹操翻脸了。刘备深知曹操的实力，惊慌不已。

陈登说，对付曹操，不能靠一个人的力量，一定要联合其他人。如今天下实力能够与曹操抗衡的，只有袁绍。我们要是跟袁绍结盟，就不用怕曹操了。

刘备说，我刚刚才杀了袁绍的弟弟，他会跟我们联合吗？

陈登说，袁绍跟他弟弟本来就不合，这次也是为了玉玺才接纳袁术。现在玉玺到了曹操手里，袁绍跟曹操已经成为仇人。而且徐州有个人，跟袁绍是世交，让他写信去，袁绍一定会答应。

刘备问是谁。

陈登说，是郑康成先生。

刘备恍然大悟。

郑康成，名郑玄，与刘备的老师卢植曾经一同在马融门下求学。郑玄是汉末儒家的集大成者，他治学严谨，学术成就是当时最高的。他不爱富贵，只爱经典，由于他整天埋头研究学问，家里的人都受到了他的熏陶。有一次，他的侍女甲触怒了他，他让侍女甲跪在台阶前。另外一个侍女乙就来戏弄甲，问她："胡为乎泥中？"

意思是，你为啥跪在地下呢？

结果侍女甲应声而答曰："薄言往愬，逢彼之怒。"

这句话是《诗经》里面的，意思是：我打算给他讲道理呢，恰巧碰上他恼火。

侍女之间的问答，都能张口就来一句《诗经》，并且风趣幽默，巧妙应景，可见郑玄的家风是多么的高雅。

刘备在徐州的时候，一直就对郑玄很敬重。这次听陈登说请郑玄写信给袁绍,刘备就和陈登一起登门相求,郑玄慨然允诺,就给袁绍写了一封信。刘备派孙乾作为使者,把信送到袁绍那里。袁绍收到信之后,本来恼恨刘备逼死他弟弟,但是考虑到郑玄是当世大儒,又与他家是世交,不好驳了郑玄的面子,所以就召集文武官员,升帐商议讨伐曹操。

袁绍手下谋臣很多,水平也都挺高,但是袁绍的性格是谋而不断,听这个说几句,听那个说几句,在拍板的时候却犹豫不决。这就导致了那几个谋士为了让袁绍采取自己的意见,相互攻击,说对方的不对。最开始的时候,谋士们分析敌我形势,还会根据具体情况,指出利害关系,让袁绍决断。但是到了后来,为了压倒其他谋士,他们就三三两两地合起伙来,攻击对方,分析形势的时候也不再结合实际情况,而是迎合袁绍的脾气了。

俗话说,性格决定命运。袁绍优柔寡断的性格,是他失败的最重要原因。

这一次,袁绍的几个谋士又争开了。

谋士田丰说,我们不宜妄动刀兵。因为打了很多年的仗,百姓都没饭吃了,我们也没有多余的粮草,不如先在边界驻扎屯兵,让士兵们一边种田一边操练,三年之后,粮草充足,肯定能一举消灭曹操。

谋士审配说,何必婆婆妈妈的?以我们老大的英明神武,灭曹操易如反掌,直接把大军开过去就是了。

谋士沮授立马反驳道,虽然我们刚刚打赢了公孙瓒,士气高昂,但是曹操跟公孙瓒可不一样。曹操挟持天子,一呼百应,兵马强壮,进退有度,不是那么容易对付的。何况天子在他那里,我们去讨伐他,就等于是伐天子一样,出师无名。

谋士郭图说,怎么算是出师无名呢?我们明明是义师嘛。我们要和刘皇叔一起,清君侧。

几个人争来争去,袁绍却一言不发,不知道该听谁的好。

这个时候,又有两个谋士走了进来,是许攸和荀谌。

袁绍问道,刘备写信给我,让我兴兵伐曹,你们说,是发兵好呢?还是不发兵好?

这两人是典型的好战分子,立马鼓动袁绍,明公兵马齐备,粮草充足,当然要兴复汉室,讨伐曹操了。

于是袁绍就决定出兵。他先让孙乾回去告诉刘备,让刘备起兵接应,然后就开始整顿大军,以颜良、文丑为将军,以审配、田丰等人为谋士,起步兵十五万、骑兵十五万,浩浩荡荡地杀向许昌。

出发前,袁绍让主簿陈琳写了一篇讨伐曹操的檄文。当年何进谋诛"十常侍"的时候,曹操、袁绍、陈琳他们都曾在一起商议,也算是老战友了。然而世事变迁,曹操昔日的老战友,如今却联合起来打他。

陈琳是个文人,打架不在行,写文章最拿手,所以他对付曹操的手段就是骂。

在袁绍的示意下,陈琳用他那老练的笔法,隐晦的言辞,把曹操的祖宗十八代都问候了一遍,把曹操说成是有史以来天下最可恶的奸诈小人,人人得而诛之。

檄文传到许昌的时候,曹操正患头风,躺在床上休息。下人把檄文拿给他看,他看完,一下子惊出一身汗来,头风病居然痊愈了。

曹操问,这文章谁写的?

曹洪回答道,听说是陈琳写的。

曹操抚掌大笑,说,陈琳文章写得再好,没有武力又有何用? 袁绍也不是我的敌手。

当即就派刘岱和王忠,打着他的旗号,带五万兵去徐州打刘备。自己亲身带领二十万大军,来迎袁绍。双方在黎阳驻扎下来,成对峙之势,谁都不敢先动手。曹操看袁绍也不敢进兵,就让曹洪等人在此驻守,自己回许昌去了。

刘岱和王忠到了徐州,被曹操不断催促攻城。这刘岱本来是兖州刺史,当年讨伐董卓的时候,他也是一路诸侯,后来投降了曹操。王忠是个无名之辈,但也是个猛人,据《三国志》注引,这人还吃过人,不是什么善类。

但是到关羽张飞面前，什么凶恶之人都要被降服。刚打了两场，王忠和刘岱就分别被关羽张飞给活捉了。不过刘备没有把他俩杀掉，而是放了回去。因为刘备在与袁绍联合之后，自信心膨胀，觉得曹操被袁绍牵制，对他构不成什么威胁了。他甚至在放走王忠和刘岱的时候，如此羞辱他俩：像你俩这种货色，来一百个我也不怕。就算是曹操亲自来了，也未必就能打过我。（使汝百人来，其如无我何；曹公自来，未可知耳。）

这俩人回到许昌，把原话带给曹操。曹操气急败坏，下令把他俩推出去斩了。多亏孔融在一旁劝谏，他俩才能活命。

狂人祢衡

曹操听刘岱说刘备连他也不放在眼里，大为光火，就准备起兵去打徐州。孔融跟刘备交情比较深，当年刘备还救过他，因此他慌忙拦住曹操，说现在是冬天，不宜出兵，等来年春天再出兵，再说现在主要的敌人不是刘备，而是袁绍。丞相应该先招安刘表和张绣，防止他们与袁绍联盟。这才是当务之急。

曹操深以为然，就派刘晔去襄阳招安张绣。刘晔到了襄阳，先见到了张绣的谋士贾诩。贾诩早就想投靠曹操了，因此就带着刘晔在张绣面前大谈投降曹操的好处。正好袁绍的使者也来了，也是想招降张绣。于是贾诩就当面把袁绍使者带来的书函撕个粉碎，还呵斥那使者，袁绍使者大怒而去。

张绣说，眼下袁绍强大，曹操弱小，你把袁绍的信给撕了，要是袁绍大军来了，怎么办？

贾诩说，投降曹操嘛。

张绣说，我跟曹操可是有仇的，上次在南阳，杀了他的爱将典韦，还杀了他儿子、侄子，差点把他给逼死。这样大的血海深仇，他会接受我吗？

贾诩说，放心，曹操志在天下，肯定会不计前嫌的。否则怎么可能还派使者过来？

于是张绣就跟着贾诩一同来到许昌向曹操投降。曹操大喜，封张绣为扬武将军，封贾诩为执金吾使。

从这件事可以看出，曹操的确是有非常之能，有常人所不及的度量。为了大局，他能够抛弃以前的杀子之恨，这一点，很多所谓的英雄是做不到的。换作其他人，肯定会找张绣报复，从而把张绣逼到袁绍那里，给自己的敌人又增添了一分力量。

招降了张绣，就该招降刘表了。曹操觉得张绣跟刘表关系好，再说你刚投入到我门下，总得立点功吧。就让张绣给刘表写信。

贾诩打断说，让张将军写，不济事。刘表喜欢结交名流，必须找个名士去游说他，才能收到好的效果。

曹操就问，让谁去好呢？

荀攸说，让孔融去最好。孔文举（孔融字文举）是当今文坛领袖，很早就名动天下了，刘表看见他，必然欢喜。

曹操说，行，你去把孔文举请来。

荀攸就出去找孔融。见了孔融，把事情一说，孔融说，我有个朋友，叫祢衡，他的才能是我的十倍。我先表奏他为官，然后让他去招降刘表。

说着，孔融援笔立就，写了一封文采斐然的《荐祢衡表》，呈给皇帝。汉献帝看了以后，就转给曹操。曹操看孔融把祢衡捧得这么高，就派人喊祢衡来见他。

祢衡到了，给曹操行礼，曹操却不给他座位。

祢衡仰天长叹，说，天大地大，居然没有一个像样的人！

曹操冷眼看着他，然后呵斥道，我手下有十几个人，都是当世英雄，你怎么敢说没人？

祢衡说，啥英雄？说来我听听。

曹操说，我帐下人才众多：荀彧、荀攸、郭嘉、程昱，善用计谋，比萧何、陈平还要强；张辽、许褚、李典、乐进，都是猛将，万夫莫当；岑彭、马武（东汉开国名将，名列云台二十八将）也比不上他们；吕虔、满宠是从事；于禁、徐晃是先锋；夏侯惇是天下奇才，曹仁是世间福将，你怎么敢说没人？

祢衡哈哈大笑说，曹公，你说的这些人，我都一清二楚。荀彧嘛，可以让他吊丧问疾，荀攸可以让他给死人看坟守墓，程昱就是个看大门的，郭嘉就是个白面书生，张辽可以让他在战场上敲敲锣打打鼓，许褚可以派他去放牛牧马，乐进可以宣读个诏书啥的，李典能够当个送信跑腿儿的，吕虔就让他去磨刀铸剑吧，满宠除了喝酒吃饭别的啥也不会，于禁可以去和泥盖房子，徐晃就是个屠猪杀狗的人，夏侯惇称为完体将军，曹仁是个只会要钱的太守。剩下的，都是些酒囊饭袋罢了！

祢衡这番话，把曹操帐下的文武官员说得啥也不是，曹操还没发火，旁边的张辽却把剑从鞘里拔出来了。

曹操制止了张辽，怒喝祢衡道，你有啥能耐，敢口出狂言？

祢衡面孔朝天，昂然道，我嘛，三教九流，无所不通，诸子百家，无所不晓。上知天文，下知地理；可以辅助君王，做尧舜之君，也可以跟孔子、颜回这样的圣贤并列。我岂能跟他们这些人同日而语？

曹操差点被祢衡的狂妄给气晕过去，当即就说，你这个腐儒，不过就能当个敲鼓的罢了。我正少一个鼓吏，明天下朝后宴请百官，你来给我敲鼓。

祢衡也不搭话，自顾自就走了。

张辽说，这人出言不逊，为何不杀了他？

曹操说，他一向有狂名，并且声名远扬。如果杀了他，天下人都会觉得我不能容人，贤能之士就不到我这里来了。所以先留着他，看我明天怎么羞辱他。

第二天，曹操宴请宾客，让祢衡打鼓助兴。按照规矩，鼓吏打鼓的时候，要换上新衣服。祢衡本不屑为这些人服务，就穿着旧衣服进来了。打了一通《渔阳三挝》，有金石之声，慷慨动听，在座的宾客听了，都忍不住流下眼泪。

曹操本想羞辱祢衡的，一看他把众人都感动了，就呵斥道，还不去换衣服！

祢衡就当着所有人的面，缓缓地脱下自己的衣服，脱了个精光，然后再缓缓地穿上新衣服。整个过程，脸不红心不跳，不怕别人看见自己的裸体。众人都被他的"行为艺术"给惊呆了。

曹操怒斥道，大庭广众之下，你怎么能这么无礼？

祢衡说，我露父母所生清白之体，有什么无礼之处？

曹操说，你是清白的，难道谁是浑浊的不成？

祢衡说，你就是浑浊的。你不识贤才，是眼浊；不读诗书，是口浊；不听忠言，是耳浊；不容诸侯，是腹浊；你还想篡位，是心浊！我是天下名士，你却让我来给你打鼓，如此轻视我，还想称霸天下？

曹操这才听出来，祢衡是在报复自己，故意这么干的。

于是曹操就说，你要是能把刘表招降了，我就让你做公卿。

祢衡不去。

曹操就让人牵了三匹马，派了两个人，强行挟持他出门。再让手下的文武官员都到东门外给祢衡送行。

这些官员听说祢衡骂他们是酒囊饭袋，都气愤不已。荀彧就交代众人，等祢衡来了，都不要起身，不理睬他，让他狂去。

祢衡到了，众人端坐不语，看都不看他一眼。

祢衡放声大哭。

荀彧说，哭什么？

祢衡说，我走在死尸堆里，当然要哭了！

众人听了，都大怒道，你说我们是死尸，你就是个没有头的鬼！你还在那发狂哩。

祢衡说，我是汉臣，又不是曹阿瞒一党，我怎么会没头？

众人听了，都非常生气。有几个将军就站起身来想要来杀他。荀彧赶紧制止道，此人乃鼠雀，何劳将军们动手。

祢衡说，我是鼠雀，还有人性在。你们没人性，就是蜾虫！

众人恨恨而去。

祢衡到了荆州，见到刘表。言语间看似是在颂扬夸赞刘表，实际上话里有话，都是在讽刺他。刘表很恼怒，但又没法杀他，因为他知道这是曹操想借他的手杀祢衡，让他背负上杀害名士的恶名。于是他就依葫芦画瓢，把曹操的计策再用一遍，把祢衡派到江夏黄祖那里。黄祖是个暴脾气，不顾忌那么多。祢衡要是再狂妄，肯定活不长。

果然，祢衡到了黄祖那里，又开始口出狂言。两人喝得酩酊大醉，躺在那聊天。

黄祖就问祢衡，许昌有什么杰出的人物？

祢衡说，大儿孔文举（孔融），小儿杨德祖（杨修）。除了他俩，没有别的人物。

黄祖说，你看我咋样？

祢衡说，你呀，你就像是庙里面的神胎，虽然有很多人祭拜你，但你就是不灵验。哈哈。

黄祖虽然醉了，但也听得出祢衡在讽刺他，当时就大怒，腐儒，你把我当成一个土木偶了？

然后就下令斩了祢衡。

祢衡死后，消息传到刘表那里。刘表虽然不喜欢他的做派，但也怜惜他是一代名士，就把他葬在了鹦鹉洲。后人多有前去祭奠他的。

祢衡的狂妄不羁和直言不讳，在三国那个充满欺骗和诈术的年代里，在那个暴力压倒一切的年代里，给我们带来了异样的光彩。虽然他的死有点咎由自取，但是他的行为也在向世人展示：强权，并不能折服所有人。

他是个有骨气的人。

关羽在曹营

却说自从刘备离开许昌之后，国舅董承每天都和王子服等人商议谋杀曹操，却无计可施。眼看着曹操越发器张跋扈，董承气得生了病。汉献帝得知国舅生病，就派了一个太医去给他诊治。

这太医名叫吉平，也是一个忠臣。他在给董承治病的时候，发现董承总是长吁短叹，在无意之中，知道了董承的心病，是为了杀曹操。于是他就对董承说，要想杀曹操，其实很简单，下次等曹操生病的时候，我去给他看病，在药里面掺上毒药，把他神不知鬼不觉地毒死就行了。

董承一听，激动得差点从病床上蹦起来，这是好主意啊，不费吹灰之力。像曹操这样刚强的人，用强力是杀不死他的，就得从这些小地方下手。于是当即就与吉平盟誓。吉平为了表示自己的衷心，把自己的一个手指头都给咬了下来。

可惜天不遂人愿，董承的一个家奴与自己的侍妾在一边说悄悄话，被董承发现了。董承就要杀了家奴，被夫人劝住之后，毒打了家奴一顿，关了起来。半夜的时候，这家奴就逃了出来，直接到丞相府去告密，把董承与吉平的计划都告诉了曹操。

第二天，曹操就谎称头痛，让吉平来医治。吉平暗自准备了毒药，放在药罐里，当着曹操的面熬药，但也没能瞒过曹操。曹操把药泼在地上，砖石都裂开了。于是就把吉平拷打一番，逼问他幕后指使是谁。吉平被拷打到死，也没有供出董承。

后来曹操没了耐心，就直接到董承府上，搜出了献帝的衣带诏，然后把董承、王子服等五人以及他们的全家老少全部斩首，并且规定，以后凡是外戚官员不经过他的同意进入皇宫的，一律处死。

光是这些还不够，曹操还冲进皇宫，勒令董承的女儿董妃自尽。当时董妃已经有六个月的身孕，汉献帝苦苦哀求，让董妃生下孩子再死，都被曹操驳斥了。

为了防止有人刺杀自己，曹操还下令成立一支三千人的御林军，让曹洪带领，保护自己安全。

由于从衣带诏上还发现了刘备的名字，曹操怒火中烧，原来这个死卖草鞋的，早就对我心怀不轨了。新仇旧恨一起来，让曹操忍无可忍，于是就率二十万大军，分兵五路，直取徐州。

刘备得知曹操大军前来，赶紧派孙乾到袁绍那里求助。孙乾到了河北，见到袁绍的谋士田丰，说明来意。田丰就带着孙乾去见袁绍。结果到了袁绍的大帐，看到袁绍面容憔悴，衣冠不整。田丰大惊道，主公，几天不见，你怎么病成这样了？

袁绍有气无力地说，不是我病了，而是我小儿子病了。我有五个儿子，就老五最得我心。他现在染上疥疮，快要不行了，我也没心思想别的事情了。

田丰说，如今曹操倾巢而出去打刘备，许昌空虚，正是我们发兵的好机会。一旦得到许昌，我们就能辅助天子，救济百姓，这可是不世之功啊。

袁绍说，我也知道这是大好机会，但是我儿子要死，我也没心思去干这些事了。

说着，扭头对孙乾说，你回去告诉玄德兄，说我没心情打仗，他要是打不过曹操，来投奔我，我肯定能容纳他。

孙乾只得快马加鞭，飞奔回徐州。

田丰从袁绍大帐里出来，用手杖狠狠地撞击地面，叹气道，这么好的机会，居然就因为一个小孩子得病，就错失了。唉，唉。大势去矣。可惜呀，可惜。

孙乾回到徐州，对刘备说袁绍不愿发兵相助。刘备大惊道，那怎么办？

张飞说，大哥，曹兵远道而来，肯定疲惫，我们趁他们扎寨不稳，半夜时候过去劫营，先杀他一个措手不及。

刘备说，三弟，我以前总认为你就是匹夫之勇，最近发现你有勇有谋啊。你这计策可行。

于是当天夜里，三兄弟各率一队人马，前去劫营。不料曹操早有准备，刘备等人反遭了埋伏，三兄弟在乱军中也失去了联系。张飞逃往芒砀山，关羽不知去向，刘备则是单枪匹马，逃到了青州去投靠袁绍的长子袁谭。

当年刘备任徐州牧的时候，有了推举孝廉的资格，他就把这名额给了袁谭。因此袁谭视他为恩人，对他非常敬重。得知刘备落难，袁谭就把刘备送到了父亲袁绍那里。袁绍很亲切地接见了刘备，以礼待之。

刘备逃跑的时候，根本来不及带着家小。于是全家都被曹操抓获，连关羽也被擒住了。

按照《三国演义》上面的记载，关羽带着刘备的家眷，死守在屯土山。曹操派张辽去说服他，关羽跟曹操约法三章，提了三个条件，这才投降。

但事实上，在那种情况下，关羽是没有资格跟曹操谈条件的。曹操大军把刘备的军队打得四散而逃，徐州城破，"曹公尽收其众，虏先主妻子，并擒关羽以归"。

也就是说，关羽是被俘虏的。

当然，曹操是很爱才的，关羽被俘后，曹操对他很是厚待，根本没有把他当成俘虏，而是当成了贵宾，三天一小宴，五天一大宴。时不时地还赏赐给他钱物。曹操为了笼络关羽，就带他去见皇帝，让皇帝封关羽为偏将军。

有一天，曹操看见关羽身上的战袍很破旧了，就暗自令人做了一身很精美的战袍送给关羽，关羽拜谢之后，把新袍子穿在里面，外面还套着旧袍子。曹操就笑他，云长你也太节俭了。

关羽说，不是我节俭，旧袍子是我大哥赐给我的，我穿着它，就如同见到了我大哥一样。我不能穿着丞相送的新袍子而忘了大哥送的旧袍子。

曹操听了，心里老大不爽。

有一次，曹操看到关羽的马很瘦，就问是怎么回事。

关羽说，我太重了，马不堪重负，被压得太狠，所以就瘦。

曹操就让下人牵了一匹马来。那马一身火红色，雄伟健壮，一看就不是凡马。

曹操说，你认识这马不？

关羽说，这难道就是吕布骑的赤兔马？

曹操说，正是。从今天起，这马就是你的了。

关羽赶紧拜谢。

曹操不悦道，我以前多次送你美女财物，你从来都不称谢。现在送你一匹马，却多次拜谢我。难道在你眼里，畜生比人还贵重吗？

关羽说，我听说赤兔马一日千里，现在有了这马，如果知道我大哥的下落，一天的时间我就能见到他了。

曹操听了，一脸愕然，后悔把这马给了关羽。

关羽赶紧把马牵走了。

曹操看关羽随时都有离他而去的意向，就很发愁。谋士荀彧说，关羽这人重义气，主公送了这么多东西给他，他肯定会报答。只要不让他立功，他就不会走。

曹操就采纳了荀彧的建议，把关羽养在府内，没事不让他出行。

千里走单骑

没过多久，袁绍率大军打了过来。袁绍帐下有一员大将，叫颜良，此人勇不可当，连斩曹操两员大将，连曹操的悍将徐晃都没能在颜良手下过完二十招。曹操苦闷得不行，看遍自己帐下的这些将军，能够跟颜良对打的估计就许褚一人了。但是许褚是曹操爱将，又是曹操的保镖，万一要是有个闪失，后悔也来不及。所以曹操还不想让许褚上战场。

谋士程昱看出曹操的心思，就建议派关羽去。

曹操说，关羽一旦立功，就要走。

程昱说，刘备现在在袁绍那里，如果关羽杀掉了颜良，袁绍肯定迁怒于刘备，把刘备杀死，那样关羽就没处去寻他大哥了，为报兄仇，他还会死心塌地跟着主公去打袁绍。

曹操最喜欢这种奸计了，一听就大喜，赶紧派人去请关羽。关羽骑着赤兔马，来到曹操面前。

曹操先不直言让关羽帮忙，而是卖了个关子说，敌将颜良，连斩我两员大将，锐不可当，因此特请云长来商议对策。

关羽说，我看看他怎么样。

曹操领着关羽，到山包上往下看，看见颜良的部队兵精马壮，非常雄伟。曹操就赞叹道，河北的人马，的确雄壮。

关羽说，在我看来，那就是一堆土鸡瓦犬。

曹操说，你看颜良，那个穿着金甲横刀立马的就是。

关羽说，此人插标卖首，看我去把他的头给你带来。

曹操说，不可小看了他。他刚刚还斩了我两员大将。

关羽二话不说，催动赤兔马，提着青龙刀，冲下山去，直冲到颜良的中军。赤兔马速度本来就快，再加上冲势，袁绍的河北军挡不住，纷纷往后退，关羽一下子就冲到了颜良的面前。颜良高声喝问道，来者何人？还没来得及反应，就被关羽一刀砍下马。关羽下马割了颜良的头，拴到赤兔马的脖子上，然后再飞身上马，杀出敌阵。旁边的士兵看到刚刚还耀武扬威的主帅，被瞬间割了头，都吓得目瞪口呆，无人敢拦关羽。于是关羽进出如入无人之境。曹操趁机率大军掩杀，大胜而归。

斩杀颜良之后，曹操害怕关羽立功之后离去，就对他赏赐更多，还上表奏封他为"汉寿亭侯"。但是关羽离去之意如同野草一般疯长，势不可遏，曹操再多的赏赐，也难以改变关羽的心意。曹操知道实情后，不仅没有发怒，反而称赞道："事君不忘其本，天下义士也。"

果然，几天后，关羽把曹操给他的所有赏赐都原封不动地放在了房间里，把汉寿亭侯的金印也挂在屋梁之上，然后拍马去寻找刘备。

夕阳下，关羽骑着赤兔马，一人一骑，向着远方飞驰而去。

他不知道自己的大哥如今身在何处，隐约听人说是在袁绍那里，被袁绍派去守汝南，因此就向汝南的方向去寻找。一路上千山万水，风餐露宿，颇不容易。偶尔还会遇到成群的强盗，好在他武艺高强，强盗也不敢来惹他，有些不识好歹的，就被他杀死了。关羽不远千里寻找刘备的事迹，被后人演绎成"过五关斩六将"的故事。

据《三国演义》记载，关羽不是一人一马，而是带着刘备的家眷，一路上过洛阳关、荥阳关，斩杀把守关隘的守将，一直寻到河北，找到了刘备。但是按照正史《三国志》的记载，关羽千里寻兄，并没有过这些关隘。

《关羽传》里就一句话：奔先主于袁军。

《先主传》里说，袁绍派遣刘备和刘辟一起带兵去汝南，关羽打听到刘备的大致位置，"亡归先主"。

《武帝纪》里说是曹操带兵回到官渡，与袁绍对峙，关羽"亡归刘备"。

这个"亡"字，在古文语境里，是逃跑的意思。逃亡的路上，不能说是落荒而逃，但也不轻松。按照曹操的脾气，对待关羽这样的英雄，即便是不能为己所用，也要养在家里，不能为别人所用。更何况，当初关羽是被抓来的，原始身份就是一名俘虏。

所以，《三国演义》里面关羽带着刘备家眷不紧不慢地出了曹营的情节是虚假的。真实情况是，他趁着曹操正在打仗，独自一人，纵马狂奔。

这是一条很危险的路。关羽放着阳关大道不走，偏偏不避艰险去寻找尚未有立足之地的刘备，只为实现当年的誓言。足以说明，关羽是个义盖云天的人。他能被后人传唱几千年，是有资格的。

重然诺，讲义气，是一个英雄的必守法则。按照关羽现在的处境，他跟着曹操，被曹操如此厚待，曹操代表着中央政府，想给他升官就能升官，可谓是前途无量。而刘备这个大哥，却是生死未卜，下落不明，能不能找到还是一回事。即便是找到了，无非也是寄人篱下。所谓良禽择木而栖，归顺曹操，抛弃刘备，完全是顺理成章的事。在那个年代，这样的例子举不胜举，根本算不上是背主忘恩。在战乱中，没有哪个人敢保证自己从一而终。因为你无法确定自己所追随的这个人，是否会一直活着，是否值得跟从。贾诩离开张绣，赵云离开公孙瓒，都夹杂着自己的考虑。每个人都有选择的权利，只要不像吕布那样杀死恩主，别人就没有资格对他们进行道德上的谴责。

但是，关羽跟别人都不同。他对刘备，不仅有忠义心，也有兄弟情。自打在涿郡遇到刘备那天起，他就认定了这个大哥，生死相从。他们曾经共同度过多次生死难关，这种靠感情维系起来的关系，是一种血浓于水的关系，不同于君臣之间的契约制。它不能拿钱来衡量，也不可用功名富贵去换。还是那句话，当曹操的部将对曹操高喊"主公"的时候，关羽对着刘备喊了一声大哥。关羽与本该是自己主公的刘备有这种兄弟关系，这是一种荣誉，他感到很骄傲。因此，他要誓死维护这种关系，维护这项荣誉。

最后，在汝南一带，关羽找到了刘备，又在古城遇见了张飞，兄弟三人再次聚首。

第五章 寄人篱下 反客为主

刘皇叔臧否人物

刘备在袁绍帐下待了半年多，对袁绍的性格脾气有了进一步的了解，他深深地觉得，袁绍这个人徒有虚名，不足以与曹操对垒，早晚都会被曹操打败，到时候，他就又被曹操抓住了。因此，他决定离开袁绍。当然，刘备虽然一直寄人篱下，但从没有想过跟着谁干，自立山头是他的夙愿。

但是，袁绍虽然对他不错，也不是让他说来就来说走就走的。人家养他是有成本的，也是有目的的，是为了让他出力干活、带兵打仗的，不是喂饱了就放走的。所以，刘备必须给自己找一个合适的借口出去。

按照现在的区域划分，当时袁绍在河北，曹操在河南，刘表在湖北。袁绍率大军南下进攻曹操，曹操必然倾全力去抵挡，这个时候，刘表如果率军北上，从背后偷袭曹操的大本营许昌，那么，曹操腹背受敌，肯定会大败。所以，联合刘表，南北夹击曹操，是袁绍一方最好的战略决策。刘备想到这一点，就向袁绍提议，由他去说服刘表。

其实，袁绍帐下谋士众多，其中不乏能人，如此浅显的战略形势，早就有人看出来了。在此之前，袁绍已经多次派使者前去荆州跟刘表联络，许诺给他好处，让他夹攻曹操。但可惜的是，刘表这人也是徒有其表，目无远见，胸无大志，只知道守着自己的一亩三分地过活，每天和荆州的名流喝酒谈天。对于袁绍的计划只是支吾几声，他并不上心。嘴上说可以联合，就是没有实际行动。袁绍在河北不知道骂了他多少次了。

因此，当刘备的提议与刘表结盟时，立即就遭到了袁绍的质疑，你能说服他？

刘备说，没问题。

袁绍说，你为何如此自信？

刘备说，因为我跟他同宗，我也是帝室之胄。

袁绍一听，有道理，自己都忘了，刘备还是个皇叔哩。于是就答应刘备，让他去荆州劝说刘表。

这一次，刘备再度逃脱牢笼。他带着关张兄弟和其他几个部下，匆匆地离开了袁绍的地盘，前往荆州。

荆州是刘表的地盘。刘表，字景升，汉鲁恭王的后人，也是当时的名士，与其他七人并称为"八俊"。刘表这人最大的爱好就是跟一帮文人坐在那谈天。这一点，曹操的谋士郭嘉评价得很到位："表，座谈客耳。"

刘备到荆州的时候，经过几年的摸爬滚打，刘皇叔的名气已经很大了，刘表对他很是礼遇，亲自跑到襄阳城外去迎接他。但是并不重用他，只让他驻扎在新野，用以抵挡曹操。刘备提出跟袁绍联合，刘表也置之不理。刘备也无心为袁绍考虑，就不再提这个事情了。

刘备刚到新野没多久，曹操和袁绍的决战就出了结果。公元200年，曹操在官渡（今天河南中牟），一举消灭了袁绍的主力军，完成了东汉末年第一场大战役，也成为中国历史上著名的以弱胜强的经典战役之一。

官渡之战中，袁绍的十万大军几乎全军覆没，袁绍只带着八百骑逃回北方。两年后，因病身亡。战胜了这个最强大的敌人，曹操从此再无后顾之忧，开始计划南下。

当时刘备所在的新野，紧邻南阳郡，曹军如果南下，新野首当其冲。因此刘备很担忧，他知道以自己这点实力，根本挡不住曹军的铁骑。

所谓皇上不急太监急，荆州的主人是刘表，他都不着急，刘备急也没用。看着刘表整天若无其事地喝酒闲谈，刘备对这个皇族后裔失望之极。

有一次，刘表又喊刘备喝酒。刘表说，上次没有听贤弟的话，趁着曹操在官渡的时候去偷袭许昌，一个大好机会就溜掉了，真是可惜。

刘备说，机会多得很，以后还会碰到的。上次的事，过去了就算了。

两人喝了一会儿，刘备去上个厕所，回来的时候泪眼婆娑。

刘表看到刘备的神情不正常，就关切地问，贤弟你咋了？

刘备哽咽道，大哥啊，我这眼看都快四十岁的人了，还没有建立一点功业。以前我南征北战，长期不下马鞍，大腿上的肉磨的精壮结实，刚才去上厕所的时候，看到大腿上的肥肉又长出来了。想到人生短暂，功名无望，我心里无限悲凉啊。

这便是"髀肉复生"典故的由来。

刘表听了刘备的感慨，竟无言以对。

客随主便，在刘表这样的主人这里作客，难免要附庸他的雅好。由于刘表喜欢座谈，连刘备这个一向沉默寡言的人，也开始臧否人物了。

有一次，大名士许汜来了，刘表就喊着刘备作陪。当然，座中还有荆州当地的其他名流。众人坐在一起，又开始干起了老营生——品评人物。

当时，众人说到了徐州人陈登。陈登为人有谋略，富于文采，名气很大，大家对他都交口称赞。唯有许汜摇头给予否定。

许汜说，陈元龙（陈登字元龙）身上江湖气太重了，狂妄，没礼貌。

刘备当年在徐州任徐州牧，与陈登关系很好，也非常熟悉陈登的为人。对于许汜的话，他感到很奇怪。因为据他所知，陈登根本不是那样的人。

但是主人还没发言，他也不好反驳。他就看了看刘表。

刘表一向是对任何名士都赞誉有加的，他听到许汜这样说，就有些为难道，如果说许君你说得不对吧，可你是个好人，不会说假话；如果说你说得对的吧，可陈元龙又是天下名士，难道他的名气是靠欺骗得来的？

众人听了，纷纷带着疑问附和刘表，大家一阵交头接耳。

刘备看到有人对陈登做出了负面评价，就追问许汜道，你说他狂妄不礼貌，可否举个例子？

许汜立马把自己的委屈向大家娓娓道来，当年我路过下邳，去拜见陈元龙，他毫无待客之道，跟我说了几句话就不说了。晚上睡觉的时候，他还让我睡在地板上，自己却睡在高床之上。

许汜觉得自己没有受到礼遇，因此说的时候几乎都有点义愤填膺了。在座的其他人也觉得陈元龙太不讲礼貌了。

但是刘备一下子就听出了门道。刘备高声说，许君，你一向被人称为国士，声名远扬。现在天下大乱，百姓生活于水深火热之中，社稷江山有累卵之危，凡是仁人志士，都怀着满腔报国之志，想要拯救万民。可是您呢？却只知道置办田产，过自己的安逸日子，一肚子的打算都是为自己，没有为天下。你这样自私又狭隘的人，自然要被胸有大志的陈元龙鄙视了。他怎么可能愿意跟你说话。他睡床上，你睡地下，还不算什么。要换成是我，我恨不能睡在百尺高的楼上，让你睡在地下。谁愿与你这样的人同榻呢！

这番话让许汜羞愧到无以复加，恨不得钻到地缝里去。

刘表看到许汜很尴尬，赶紧出来打圆场，哈哈大笑几声，想把这事给盖过去。其他人也在那打哈哈。但刘备却接着大发感慨道，像陈元龙这样文武双全、满腹经纶又腹有韬略的人，现在哪有人能比得上他呢？只有古时的一些贤人才可以跟他相比。

在座的名士听了，都不说话了。

刘备的这番言论证明，他绝不是个简单的宽厚好人，他敢于当面指出别人的错误，甚至还有些不留情面，也说明他对于荆州这些名士们的闲谈从内心深处觉得反感甚至有点鄙夷，所以才借评价陈元龙来打击他们的自鸣得意。在刘备的心中，这些所谓的名士，只会耍嘴皮子，相互吹捧。而兴复汉室，拯救万民，光嘴上说说是不行的，必须有所行动。

闲谈已了，刘备回到新野，继续招兵买马。由于他礼贤下士，仁义待人，因此很多人才都去了他那里，其中一部分甚至是刘表原来的部下。这渐渐地引起了刘表的警觉，刘表对他开始有所防备。

孔融之死

建安八年，曹操放出话来，要征讨刘表。当然，刘表并不是他的终极目标，他真正想做的是在消灭刘表夺取荆州之后，打败比刘表更强大的孙吴政权，从而一统江南，平定天下。

这是他人生中最重大的一个战略计划，绝对不能贸然实行。他要把大后方稳定好、治理好之后，才可以实施这宏大的计划。否则他在前面打仗，后方却总有人捣乱，那就不妙了。

当年吕布活着的时候，就老是趁他出门，去他家抢劫放火。

现在吕布已死，北方的袁绍也被他灭了，少数民族乌桓也被收服，北方已经没有什么可以威胁他的力量了。

西凉马腾一直是个隐患，曹操就下命令，让马腾和他的家属迁到邺城（今河南安阳附近），让马腾远离自己的势力范围。

但是马腾被控制之后，马腾的侄子马超和马腾的结义兄弟韩遂接管了西凉地区，他们所带领的关西军依旧影响着曹操的后方，而且由于马氏家族在西凉地区经营多年，深得羌人的拥戴。因此这是一个短时间内无法解决的难题。

不过，软禁了马腾，让马超等人投鼠忌器，不敢乱动，也算是牵制了西凉军。所以说，曹操也算是达到了自己的目的。

外部隐患消除之后，曹操开始对内部下手。

为了进一步提高自己的威望，他悍然废除了"三公"的职位，设置丞相和御史大夫，并且自任丞相。

"三公"是中国古代朝廷中最显贵的三个职位，地位仅次于天子。随着朝代的不同，"三公"的具体职位也有所变化。周朝的时候，"三公"是太师、太傅、太保。秦朝和西汉的时候，改为丞相、太尉和御史大夫，到了后汉，光武帝刘秀将其改为太尉、司徒、司空。

现在，曹操又把它改了过来，并且把太尉这个职务给废除了，自己行使太尉的职能。

太尉，就是个管军事的，是朝廷的最高军事领导人。比如宋朝的高俅高太尉，就可以派兵去攻打梁山泊。

有人会问，朝廷的最高军事领导人，不是皇帝吗？

要想解答这个疑问，就要说到我国古代的政治制度。事实上，在明朝以前，皇帝和大臣之间都是一种雇佣关系，一种契约关系。皇帝花高价聘请有能力的大臣来帮他治理国家，就相当于一个老板花钱聘请职业经理人来为他打理公司，只要这经理人能力强，老板就可以逍遥快活，对公司事务不管不问。太尉就是这样，太尉对皇帝说，哪个地方要打，然后阐述要打的理由，皇帝说，好。剩下的事都交给太尉处理。具体的战略计划都是太尉和他手下的大臣完成的。

当然，那些自己身经百战会打仗的开国皇帝们除外。他们"创业"之初，不能依靠太尉，往往都是靠御驾亲征取得胜利。

不过，这种模式也有一个致命的漏洞，那就是一旦太尉或者丞相的权力太大，而他们人品又太差的话，皇帝的皇位就会受到威胁。要么是拿皇帝当自己的傀儡，要么是把他从宝座上赶下去，自己坐。

曹操就是一个例子。

这也是后来明朝的开国皇帝朱元璋废除丞相的主要原因。

而曹操活着的时候，能够废除他的人物还没有出来，只有他废除别人。为了进一步提高影响力和话语权，他废掉了三公，自己独揽政治权力和军事权力，在朝廷里呼风唤雨，说一不二。

但这不代表就没有硬骨头的人跟他作对。

孔融，就是那个硬骨头的人。

其实，看看孔融的朋友祢衡是什么样的人以及祢衡对孔融的评价，就大概知道孔融的为人了。但对于世人来说，人们对孔融的印象只停留在他小时候给哥哥让梨，是个对兄弟很友爱的人。人们很难想象，这个成长于礼仪世家圣贤之门的标准孔子玄孙，居然是一个离经叛道的人。

作为"建安七子"之首，汉末的文坛领袖，孔融自然而然地成为当时士大夫的楷模，众人的精神标杆。文人士子们都伸着头看他是怎么做的，是怎么说的，他的一言一行，成了大家关注的焦点，他代表着精神和气节的最高境界。

这是他成功的地方，也是他死亡的缘由。他的名气来源于此，精神发扬于此，而肉体也毁灭于此。

因为作为一个文人，只要是合格的，就必须讲气节，不与人同流合污，不向强权低头。孔融作为士大夫楷模，自然要加倍体现出这种可贵的品质。而这种品质又是当权者所无法容忍的。

在汉末的时候，曹操架空天子，名为汉相，实为汉贼，士大夫表面上不敢说，内心里都对他恨得咬牙切齿。孔融不管是从良心上，还是从气节上，都不可能认同曹操。所以他有事没事就刺激曹操一下。

曹操打败袁绍后，把袁绍之子袁熙的妻子甄宓赏赐给了自己的儿子曹丕。甄宓美貌无双，据说后来大才子曹植的《洛神赋》（又名《感甄赋》），就是以嫂子甄宓为原型写的。孔融听说曹操把人家的儿媳妇抢过来当自己的儿媳妇，就给曹操写了一封信。信的开头先是假装祝贺曹操旗开得胜，然后就给曹操讲了一个故事，说当年周武王伐纣之后，就把苏妲己赐给了周公。（武王伐纣，以妲己赐周公。）

曹操一看完信，当时就晕了。因为曹操本人也是个饱读史书的人，但他可从来没听过这件事，他怀疑自己是不是孤陋寡闻了。于是赶紧向孔融请教这个典故出自哪里。

孔融嘿嘿一笑，说，从你的儿子曹丕娶了甄氏这件事来看，当时肯定也是这样子的。（以今度之，想当然耳。）

曹操这才反应过来，孔融是在讥讽他，当时气得七窍生烟，内心便生出杀机，但是考虑到孔融名气太大，就忍住了。

从这件事中也可以看出，孔融是个不拘于礼法的人。因为像周公这样的人，连他祖先孔子都佩服得不得了，声称自己要"克己复礼"，恢复周公所制定的礼法制度，而他却拿着周公随意调侃。

曹操虽然当时忍住了怒火，没有对孔融下手。但是以他的性格，这事肯定不能就这样算了。当年被祢衡羞辱，曹操是借别人之手，除掉了祢衡。现在要杀孔融，曹操打算自己动手。但是要找个好的理由，还要等个好时机，以求这一杀，不仅不会背负杀贤的恶名，还会对士大夫阶层起到震慑作用。

理由是很好找的。因为孔融这样狂妄的人，经常发表一些惊人的言论，曹操很快就搜集到两条足以制孔融于死地的言论。

第一条是，孔融说，"父之于子，当有何亲？论其本意，实为情欲发耳。子之于母，亦复奚为？譬如寄物灿中，出则离矣。"

意思是，父亲对于儿女，是没什么亲情的。之所以生下了儿女，本质上是为了发泄自己的性欲。母亲对于儿女，也没啥亲情。这就好比把东西放在瓦罐里，等东西拿出来以后，瓦罐就没啥用了。

这条言论在古代可谓是惊世骇俗。因为"忠孝"一直是圣人所宣扬并且遵循的基本道德准则，孝顺父母，是对一个人的最低要求，父母对于儿女的恩情也是统治者们不断强调的。孔融作为孔子的后代，本来应该作一个孝子的模范，不曾想，他长大以后居然对父母有这种离经叛道的想法。曹操一下子就抓住了他这个言论，给他定了个"不孝"的罪名。

当然，据鲁迅先生论证，孔融这些话，都是故意为之。这些表面上不孝的人，其实都很孝顺。表明上不守礼法的人，其实最爱礼法。因为当时的统治者名义上讲究孝，"以孝治天下"，但其实是拉虎皮扯大旗，以"孝"做旗子，把孝顺当成了谋利和扩张的一种手段。比如曹操，就以父亲死了，自己"孝顺"为名，进攻徐州，杀害了很多徐州百姓。所以，他们这些人讲"孝"，其实是在利用"孝"。所以，孔融就故意发表"不孝"的言论，来攻击曹操这些强权者的旗子。

第二条罪状是"大逆不道"。曹操把祢衡活着的时候说的话都翻出来了。祢衡在世的时候，曾经跟孔融相互推许。"衡谓融曰：'仲尼不死。'融答曰：'颜回复生。'"

祢衡称赞孔融是孔子转世，孔融就夸祢衡是颜回又活过来了。两人相互吹捧。由于孔子和颜回都是圣贤，而这俩人敢自相比拟，所以"大逆不道，宜极重诛"。

曹操派使者去收捕孔融的时候，孔融的两个儿子正在家里玩游戏。大儿子九岁，小儿子八岁。孔融就对使者说，我自身有罪，我认了，能把我两个儿子给放了吗？

使者还没有回答，俩儿子就对孔融说，爹，你见过一个鸟窝翻了，里面还会有完整的鸟蛋吗？（覆巢之下，安有完卵。）

不一会儿，曹操派去收捕孔融儿子的使者就也到了。父子三人，同一天遇难。

曹操杀掉孔融之后，朝廷内外都震惊不已，无人敢再挑战他的权威。于是曹操开始整顿军马，调集粮草，准备下江南。他先派夏侯惇、李典、张辽、于禁等人出许昌，在南阳郡驻兵，随时准备挥军南下。

火烧博望

刘表得到消息之后，就派刘备在前面替他挡刀子。

事实上，刘表最开始把刘备安排在新野，就有这个用意。对于刘备这样的人中龙凤，不可能是久居人下的英雄，让他在襄阳是不妥的。因为指不定哪一天喧宾夺主，就会取而代之了。他不是有能耐吗？就让他在第一线跟曹操对抗。

刘备也很清楚刘表的用意，因此当他得知曹军来了以后，立即就做出了反应。出兵是必须的，因为刘表的命令不可违抗。但是必须保存自己的实力，不能为刘表做了嫁衣裳。

于是刘备带着军队，前往南阳郡叶县附近，到了博望，与曹军的夏侯惇、李典相遇了。

这里的博望坡，并不是一个土坡，而是一个县的名字。刘备到了之后，就挖深沟，筑高墙，以静待动。

曹军的夏侯惇是一员猛将，不过猛将和猛将也有区别。有的猛将，猛而有谋，粗中有细，如关羽、张飞、赵云等。有的猛将，除了猛，就是猛，与谋略无关。

夏侯惇就属于那种猛而无谋的猛将。

但是，夏侯惇很听话，他就依照曹操的计划坚守不战。刘备和他对峙了一段时间，发现这家伙不出城，就开始琢磨对策。因为曹军背后就是大本营，南阳又是曹操的地盘，夏侯惇的大军可以就地而食，不用担心粮草的问题。但刘备可不一样，他还得运输粮草，还要注意跟刘表要粮草的时候，搞好跟刘表的关系，以免引起刘表的猜忌。所以刘备比夏侯惇要辛苦得多。

于是刘备决定引诱夏侯惇出战。他下令全军撤退，并且放火烧了兵营。

夏侯惇本来对刘备就很看不上眼，看到刘备撤军，便要去追击。

李典说，丞相走之前交代我们要坚守，不可轻动。

夏侯惇用鄙视的眼光看了看李典，呵斥道，现在是立功的大好机会。丞相让我们在这里守了这么久，难道到时候空手而归？你要是怕死，你别去。

夏侯惇与曹操关系非同一般，李典也不敢再劝，只好任他去。

夏侯惇领着大军，倾巢出动，往刘备撤退的方向追去。结果，很自然地就中了刘备设好的埋伏。刘备派士兵从两侧放火，把夏侯惇的军队围在中间。夏侯惇左冲右突，最后冲破包围圈，捡了一条性命，大败而归。

这就是"火烧博望坡"。在《三国演义》里面，这次战斗的胜利被归功到诸葛亮的头上。事实上，当时的诸葛亮还在隆中躬耕，还没有出山。这些计谋，都是刘备本人想到的。

打败了夏侯惇，刘备率军回到襄阳表功。刘表非常高兴，把他安排到与襄阳城一水之隔的樊城驻扎，与襄阳成掎角之势。刘备从此在襄阳地区声望大振。

跃马过檀溪

看到刘备一个外来户受到主公的如此信任，刘表的亲信蔡瑁和蒯越非常不悦。他们俩觉得，如果任由刘备这样发展下去，自己迟早要被排挤到一边。因此他们屡次向刘表进谗言，说刘备这人志向远大，终究不会老实地待在刘表之下，对待这样的心腹大患，不如及早除掉以绝后患。

但是刘表是个好好先生，刘备刚立了功，而且刘皇叔的名气又那么大，他不敢，也不想杀掉刘备。起码就目前的状况来看，杀掉刘备，他少了一个帮手。曹操再来的时候，谁能与之抗衡？再说了，杀了刘皇叔，这恶名谁能担得起？

蔡瑁和蒯越看到刘表不肯杀刘备，心里一口恶气咽不下，就决定先斩后奏，擅杀刘备。此时刘表刚刚娶了蔡瑁的妹子作继室，蔡瑁就是刘表的大舅子，想必杀了刘备，刘表也不会拿他们怎么样。

计议已定，蔡瑁和蒯越就开始安排人手，寻找机会杀掉刘备。

在一次宴会上，两人终于找到了机会。

当时是刘表设的宴，刘备只带着赵云过江赴宴，让关张兄弟守樊城。由于是去刘表那里，刘备也就不设防，只让赵云带了五百士兵跟着当保镖。到了襄阳城，赵云和他的五百士兵也被放置到别的地方去，不能紧跟着刘备。

刘备在宴会中，发现了蔡瑁和蒯越的不轨行为，他借口去上厕所，赶紧溜了出来，骑上马往襄阳城外狂奔。

说起这马，还是当初在曹操那里，曹操送给他的。根据史料记载，刘备依附曹操的时候，有一天，曹操那里新到了一批马，曹操就让刘备挑选一匹作为坐骑。刘备挑来挑去，挑了这匹瘦骨嶙峋的瘦马。大概是他嫌这匹马太瘦了，有点可怜，所以挑出来好好喂养。

他没想到，自己的一点仁心，救了自己一条命。

因为他挑的这匹马，是的卢马。

第五章 寄人篱下 反客为主

三国时期，名马众多。吕布的赤兔马是最出名的，其次还有曹操的绝影、大宛马爪黄飞电等。在古代，拥有一匹好马就相当于现在拥有一辆豪车，而且其意义远大于后者。因为在战场上，有一匹好马，进可以杀敌于措手不及，如关羽骑着赤兔马斩杀颜良；退可以逃命，如这次刘备骑着的卢马过檀溪。

好马不仅仅是跑得快，它还可以救人命。

刘备逃到襄阳城西，他刚出门的时候，就有士兵通知了蔡瑁，于是蔡瑁赶紧带人去追.刘备跑着跑着，到了檀溪边上。河水很宽，水流急，水又深，马逡巡不敢下。刘备勒着马，在岸边徘徊了一会儿，眼看追兵就要到了，只好硬着头皮纵马跳到河里，由于河水深，马差点被淹没。刘备情急之下，大喊道，的卢马，今天就靠你了，努力！

结果，奇迹真的出现了。的卢马奋力一跃，带着刘备跳出了檀溪，绝尘而去，慌忙赶来的蔡瑁看到这一幕，惊讶得下巴差点掉到地上。

刘备逃命回去之后，写信给刘表说了自己被刺杀的经过，刘表将蔡瑁和蒯越大骂一顿，勒令他们今后不许再对刘备耍阴招。为了避开二人，刘备再次回到新野驻扎。

水镜先生司马徽

在刘表的庇护下，刘备的日子过得很舒服。但他是一个有着远大梦想的人，而不是一个安于现状的人。寄人篱下的日子，他早受够了。因此，他要利用一切有利条件，为自己另立山头做打算。

在新野闲居的日子里，刘备与荆州当地的名流多有来往。当时是乱世，很多贤才都隐居到山林里。刘备就经常去探访他们，询问治国安民之术。

刘备回顾自己出来闯荡的经历，发现自己之所以没有像其他诸侯一样有个稳定的地盘，主要是因为自己没有谋士。

平常打打小仗，自己想点策略就行了。但是想要与曹操这样的人共同逐鹿中原，那就非得有一个高明的谋士不可。关羽、张飞、赵云虽然勇猛，但是没人指挥他们，好比是一条健壮的猎狗，不知道该去哪里追捕猎物。刘备帐下虽有糜竺、简雍、孙乾，但这些人都是白面书生，与曹操帐下的郭嘉、贾诩、荀彧等人根本无法相提并论。所以，当务之急是要赶快找一个好的谋士。

有人就向他推荐了著名的水镜先生司马徽。

司马徽字德操，是颍川阳翟人。颍川人杰地灵，是三国时期最大的一块宝地。曹操的谋士郭嘉、程昱、荀彧等都是颍川人，包括先在刘备那里后被曹操骗走的徐庶，还有钟繇、钟会等人，也都是颍川人。

司马徽精通经学，是当时的名士。他为人清高孤傲，时逢乱世，他看到群盗蜂起，就不愿出来做官，隐居了起来。但他名气在外，很多人都去上门拜访他。

当时，襄阳人庞统听说了他的大名，就坐着马车去阳翟（今河南平顶山市禹州县）找他。到了阳翟，正好碰到司马徽在地里采桑叶。庞统就在马车上冲着他大喊道，大丈夫生于世间，就该建立功名以求显赫，怎么能把自己的才能给浪费掉，而去做妇女们才做的事情呢？

司马徽说，你给我下来。你这人，只知道小路走着快，不知道小路走着容易迷路。以前的真正名士，如伯成和原宪，宁愿住在小木屋里，也不愿去住豪华的官邸，宁愿种地，也不愿意做王侯。别以为骑着高头大马，身边跟着一堆仆人，自己就与众不同了。

庞统慌忙下马，说，先生，刚才那番话是我故意说的。因为您就是一座大钟，如果我不用力叩击一下，我就听不到最响亮的声音。

于是司马徽就带着庞统回到自己的茅屋里，两人促膝长谈，彻夜不息。司马徽对庞统表现出来的才华非常惊异，称赞他为襄阳名士之首。

后来，刘表在襄阳建立学校，听说司马徽精通经学，就把他请到了襄阳。司马徽知道刘表表面上礼贤下士，好结交名流，内心里却很狭隘，是个小肚鸡肠的人，因此就缄默少语，绝不品评人物。有人对刘表说，司马徽是个人才，只是怀才不遇罢了。刘表去找司马徽聊天，司马徽故意藏拙，说出的话都很平常，于是刘表就对别人说，司马徽只是个普通人罢了，只是一个教书匠而已，没有什么见识。

司马徽韬光养晦，是为了安身立命，因为他很清楚，在这个暴力年代，一不小心说错话，就很容易把脑袋给丢了。

当时荆州有许多所谓的名士，都依附刘表，想要追求功名，只有诸葛亮和庞统隐居起来，因此司马徽非常赏识这两个人，称诸葛亮为"卧龙"，称庞统为"凤雏"。

刘备听说司马徽的大名后，也上门拜访，并且想请他出山辅佐自己。

司马徽说，我是个野人，不懂天下大势。但我知道有两个能人，他们就是诸葛亮和庞统，诸葛亮是"卧龙"，庞统是"凤雏"，卧龙凤雏，得一人可得天下。

刘备大喜，回去后便四下寻找这两个人，但是当时的通信条件很落后，找了很久，也没找到他们俩。

不过，在找的过程中，刘备得到了一个能人。此人虽说不及卧龙凤雏，但也是不可多得的人才。他就是徐庶。

身在曹营心在汉

徐庶原名徐福，年轻时候性子暴躁。有一次替人报仇杀了人，被官府捉住。官吏问他是谁，他一句话都不说，骨头特硬。官吏就把他绑在木桩上，准备肢解他。就在这生死关头，徐庶的同党来劫法场，把他给救走了。

从鬼门关里走了一趟回来之后，徐庶深深地觉得，舞刀弄枪不是好玩的，轻易就会把性命给葬送。于是就开始弃武习文，学习治国经世之道。

后来由于董卓作乱，天下大乱，徐庶为了避难，就来到荆州居住。在荆州，他认识了诸葛亮，两人成为好友。诸葛亮比徐庶年纪小，在某些方面还得到了徐庶的指点。

徐庶听说刘备在寻求谋士，就毛遂自荐，前往新野见刘备。刘备很高兴，就任命他为军师。后来曹操率大军南下，刘备守樊城时被击败，徐庶带着家眷和诸葛亮一起跟随刘备逃亡。结果在长坂坡处，徐庶的母亲被曹军抓获。

徐庶是个大孝子，母亲被抓后，他方寸大乱。他对刘备说，我本打算跟随将军创立霸业的，但是现在母亲被抓，我心如刀割，脑子一片混乱，也帮不到将军了，我请求离去。

刘备是个讲仁义的人，看到徐庶为了母亲难过成这样，当然就不加阻拦，反而设宴为他饯行，送他离开。

按照《三国演义》的说法是，曹操听说刘备有个很牛的谋士叫徐庶，就想挖墙脚。他先派人把徐庶的母亲请来，让徐母给儿子写家书，召唤徐庶。

结果徐母不写，还大骂曹操。曹操盛怒之下，想杀了她，被程昱拦下。因为程昱跟徐庶是老乡，本来就是好友。然后程昱不断地跟徐母套近乎。他经常给徐母送东西，然后要一个回帖，模仿徐母的字迹，给徐庶写了一封信，将徐庶骗到了曹营。

徐庶来了之后，徐母愤恨儿子被曹操奸计所骗，就上吊了。徐庶哭得肝肠寸断，发誓不给曹操出一条计策。因而有了一个歇后语：徐庶进曹营——言不发。

后来为了凸显刘备的个人魅力，这个故事就演化为"徐庶进曹营——身在曹营心在汉"，把徐庶说得跟关羽当年在曹营一样，一心为刘备着想。

《三国演义》上还说，徐庶当年离开刘备的时候，很不忍心，就在临别之际，向刘备推荐了诸葛亮。

刘备说，我也早已听过他的大名，给他写信，让他来。

徐庶说，不行，像他这样的人才，将军必须登门去请，才符合礼节。

于是，就发生了中国历史上著名的"三顾茅庐"的故事。

三顾茅庐

事实上，在徐庶还没有去往曹营的时候，刘备就已经把诸葛亮给请来了。因为徐庶跟诸葛亮是好友，徐庶在刘备那里当军师，了解刘备的为人，他又很清楚诸葛亮的才干，当然是很早就向刘备推荐了诸葛亮，没理由拖到自己走的时候才说。

"三顾茅庐"的故事流传了几千年，可谓是妇孺皆知。但这都是《三国演义》的功劳。当时的正史《三国志》对于这件事，只有一句话，是"凡三往，乃见"。意思是，刘备去见诸葛亮，去了三次才见到。有人认为，这个"三"，是虚数，有可能在三次以上。再根据诸葛亮的《出师表》里所说，"先帝不以臣卑鄙，三顾臣以草庐之中"，说明刘备至少去了三次。

刘备之所以这么放得下身段，一部分原因是他急需一个谋士，还有一部分原因在于古代特殊的君臣关系。那个时候，一些特别有能力的大臣，跟他的君主之间，是一种"师友臣"的关系。君主往往会以他们为师，就是所谓的帝王师，其次是朋友，再其次才讲君臣关系。

像诸葛亮这样敢于自比"管仲、乐毅"的人，刘备如雷贯耳，当然要抱着"师事之"的心态去请他出山。如果诸葛亮真如他们所说，是千年难遇的人才，那足以抵得上十万雄兵，去多请几次又何妨呢？

由于正史对这件事的记载就一句话，所以我们只好跟着罗贯中先生的笔端，去探寻刘备当年艰难的访贤路，去聆听诸葛亮高明的《隆中对》。

这一天，刘备安排了一份厚礼，然后带着关羽、张飞以及几个从人，骑马来到隆中。路上遇见一个农夫，就向他问了孔明家住何处。问清了地址，一行人迤逦来到孔明的家门前。刘备下马，去敲柴门。一个童子出来开门，问来者何人。

刘备心想，我得把我的名头说得大一点，才能引起孔明的重视。

于是，他像现代人写名片似的，把自己生平所得到的所有名衔全都念了出来，汉左将军、宜城亭侯、领豫州牧、皇叔刘备，特来拜见先生。

结果这童子也甚是幽默，他看穿了刘备的心思，就回答说，我记不住这么多的名号。

刘备大窘，连忙改口说，你就说，刘备来拜见先生。

童子说，先生今天早上出门去了。

刘备问，什么时候回来？

童子说，这可说不准。有时候三五天，有时候十几天。

刘备当时就惆怅起来，只好上马返回新野。

走到半路上，碰到了一个人，身穿布袍，头戴逍遥帽，看上去仙风道骨。刘备赶紧下马施礼，说，您就是孔明先生吧。

那人不回答，却先反问道，你是谁？

刘备吸取了刚才的教训，不敢再报名号，直接报出名字说，我是刘备。

那人说，我不是孔明，我是孔明的朋友崔州平。

刘备心想，孔明那么厉害，他朋友肯定也差不到哪里去，要是能把他拉回去，也多了一个智谋之士。于是就在林子里找了一块大石头，请崔州平坐下聊天。

崔州平问，先生找孔明是为了何事啊？

刘备开门见山道，我找孔明，是为了求治国安邦之策。

崔州平说，难为你好心，想要天下安定。但是自古以来，一治一乱，一阴一阳，都是天数啊。汉高祖斩蛇起义，诛灭暴秦，从此由乱世到治世。二百年后，王莽篡逆，从治世又到乱世。光武帝中兴，从乱世到治世。又过了二百年，就是现在，天下大乱，又将从治世到乱世。这是天运，非人力可以强也。先生你是想让孔明扭转乾坤，逆天而行吗？

刘备一听，这家伙不仅没有帮自己的意思，反倒还给自己泼冷水，就不想再跟他聊了。于是就说，先生真是高见。不过请问孔明去哪了？

崔州平说，我也不知道，我也是来找他的。

刘备没办法，只好上马返回新野。

这是刘备第一次寻访孔明，无功而返。

几天后，刘备为了不再无力而返，派人去打听孔明回来没。得知孔明已经回来，刘备赶紧带着礼物，喊着关张一起，骑马去卧龙庄。

张飞很不耐烦，说，像孔明这样的村夫，犯不着三番五次去请，直接派人把他喊来就行了。

刘备说，胡扯。孔明是当世大贤，怎么能随意召唤？一定要登门拜访。

走了几里路之后，天忽然下起大雪。张飞说，大哥，这么大的雪，连仗都不打的，何苦跑这么远见一个村夫？不如回去躲避风雪。

刘备说，越是风雪大，越显得我有诚意。你要是怕冷，你先回去。

张飞被刘备这么一呛，就说，我死都不怕，怎么会怕冷？

刘备说，不怕冷就少说点话，只管跟着我走。

到了卧龙岗，刘备下马叩门。童子来开了门，刘备问道，先生今日在家吗？

童子说，在堂上读书。

刘备很高兴，就让童子把他引入正堂。果然看见一位少年在那里卧着读书。

古人对于少年的定义，跟现在不大一样。二十几岁的人，也称为少年。

刘备就赶紧上去行礼，说，卧龙先生，我可算找到你了。

那少年惊讶道，你就是刘豫州吗？你要来找我二哥？

刘备更惊讶了，你不是卧龙？

那少年答道，我不是卧龙，我是卧龙他弟弟。我们弟兄三人，大哥诸葛瑾在江东孙仲谋处，二哥就是卧龙，我是老三，叫诸葛均。

刘备连忙问道，你二哥在家吗？

少年说，昨天出门去了。

刘备叹口气道，唉，我缘分就这么浅！两次都没能碰上大贤人。

张飞说，哥，没找到他，咱就回家去。走吧！

刘备呵斥道，慌什么！我大老远地来了，能不留下一两句话？

诸葛均听到刘备想留言，就把文房四宝拿了出来。刘备在上面写了一大段话："备久慕高名，两次晋谒，不遇空回，惆怅何似！窃念备汉朝苗裔，滥叨名爵。伏睹朝廷陵替，纲纪崩摧，群雄乱国，恶党欺君，备心胆俱裂。虽有匡济之诚，实乏经纶之策。仰望先生仁慈忠义，慨然展吕望之大才，施子房之鸿略，天下幸甚，社稷幸甚。先此布达，再容斋戒熏沐，特拜尊颜，面倾鄙悃。统希鉴原。"

大意是：卧龙啊，我来了两次都没见到你，实在是遗憾得不行。现在天下大乱，我想救世安民，希望你能出来帮帮我啊。你要是出山了，那就是社稷的幸运，百姓的福气啊。

写完之后，喝了一杯茶，就回新野去了。

第二次，刘备依旧没有见到孔明。但是好歹看到了孔明的弟弟，也算是一个进步，比上次强一些。

过了几天，刘备挑了一个好日子，又要去请孔明。关羽和张飞都非常不悦。但是两人的表达方式是不一样的。

关羽说，我们去了两次，他都不在家，是不是他这人徒有虚名，没真才实学，故意躲我们呢？

张飞的意思是，这鸟村夫，无需大哥去请，我用根麻绳把他捆回来就得了。

结果两人都遭到了刘备的驳斥，然后乖乖地跟着刘备去了。

到了孔明家门前，照例是那童子来开门。刘备想，这小娃上次骗了我一次，说先生在家，结果不是孔明本人，却是孔明的弟弟。这次可要问个清楚。

正要开口问，童子却说，先生今天在家，但是还在睡觉，没起床。

刘备说，既然他还在睡，就先别喊他。我等着。

说着，刘备让关羽、张飞在大门口守着，自己走上草堂，看见孔明高卧不起。刘备就在草堂门外静候。

等了半晌，孔明翻了翻身，脸朝墙又睡着了。张飞在大门口看到之后大怒，说，这先生好生无礼，我哥哥在这等了半天，他却还不起床。等我去屋后放一把火，看他起不起来。

关羽赶紧把张飞拉住。刘备也连连对他使眼色，张飞才强压住怒火。

又过了一个时辰，也就是两个小时，孔明才慢悠悠地醒来，在床上伸了伸懒腰，先吟了一首短诗："大梦谁先觉，平生我自知。草堂春睡足，窗外日迟迟。"

这算是他的早操歌。

然后问童子，今天有没有客人啊？

童子说，刘皇叔在此等候多时了。

孔明才起身道，怎么不早说？我去换身衣服。

于是孔明又到后堂换衣服、洗脸，拾掇了半天。这才出来与刘备宾主相见。

两人互相客套几句之后，刘备就急不可耐地直奔主题，先生，你看了我留下的信没有？

孔明说，我昨天已经看过了。看得出来，将军你是一片忧国忧民之心啊。可惜我年纪小，见识浅，也没啥能帮到你的。

的确，对于刘备来说，孔明年纪很小。因为这一年，刘备已经四十七岁了，而孔明才二十七岁，相差整整二十岁。

一个年近半百的人，去三番五次地拜访一个不到而立之年的年轻人，这种事在历史上并不多见。

一个在江湖上拼搏了二十多年的人，一个看惯了人世百态，经历了政治风云，从战场上的刀光血雨中拼杀出来的人，却去向一个足不出户的小伙子寻求治国安民的方法。这足以说明，这小伙子不是一般人，他是个天才。

一般的有才能的人，都会恃才傲物，何况是天才。所以诸葛亮爱摆谱，刘备都认了。

只要能让他为己所用，哪怕是天天供着都行。当时的刘备，一定是这样的心思。

因为他太需要一个谋士了。

刘备听到诸葛亮谦虚，就连忙说，大丈夫满身才学，就应该出来为世人出力，以救济万民。岂可老死在林里山间？

诸葛亮嘿嘿一笑，说，看来将军是个有大志向的人，讲来听听。

刘备说，眼下天下大乱，汉室的社稷就要倾颓。我作为汉室子孙，打算伸大义于天下，扶助汉室。可惜的是智谋不足，奔波了二十多年了，也没啥成就。所以想请先生出来帮我。

诸葛亮听了之后，心想，这人已经掏心窝子说心里话了，那我也就坦诚相待吧。于是就慢摇羽扇，说了一番话。

自董卓造逆以来，天下豪杰并起。曹操势不及袁绍，而竟能克绍者，非惟天时，抑亦人谋也。今操已拥百万之众，挟天子以令诸侯，此诚不可与争锋。孙权据有江东，已历三世，国险而民附，此可用为援而不可图也。荆州北据汉沔，利尽南海，东连吴会，西通巴蜀，此用武之地，非其主不能守，是殆天所以资将军，将军岂有意乎？益州险塞，沃野千里，天府之国，高祖因之以成帝业。而刘璋暗弱，民殷国富，而不知存恤。智能之士，思得明君。将军既帝室之胄，信义著于四海，总揽英雄，思贤如渴，若跨有荆、益，保其岩阻，西和诸戎，南抚彝越，外结孙权，内修政理；待天下有变，则命一上将将荆州之兵以向宛洛，将军身率益州之众以出秦川，百姓有不箪食壶浆以迎将军者乎？诚如是，则大业可成，汉室可兴矣。此亮所以为将军谋者也，惟将军图之。

这番话，在他心里酝酿已久了。自打他知道刘备来访，就在心里为刘

历史原来这么有趣·汉朝卷——仁义之君刘备

备量身订造了这套战略计划。中心思想就是：联合孙权，对抗曹操。实施步骤就是：先得荆州，再夺益州，以荆州、益州为根据地，大力发展势力，招兵买马，招揽人才。就等着曹操那里出事，然后兵分两路，一路从益州出秦川，一路从荆州向南阳、洛阳进发，两下夹攻许昌，除掉曹氏政权，一举荡平天下。

所谓"秀才不出门，便知天下事"，诸葛亮不出草庐，就在为刘备政权确立方向的同时，指出了未来天下大势的走向。这份功力和才学，的确非同小可。放眼古今，能对历史变化把握得如此准确的人，可谓是寥若晨星。诸葛亮仅凭这一番话，就足以名垂千古了。

刘备听了这番话，连忙站起身来，向诸葛亮行礼，求诸葛亮出山。

诸葛亮说，我喜欢种地，懒散惯了，不想出去。

刘备就发挥他哭的本能，涕泪俱下道，先生不出，如苍生何？

意思是，你要不出来，百姓们都怎么办呢？

这大帽子往诸葛亮头上一扣，诸葛亮也没法摘了，只好同意出山帮刘备。于是刘备大喜，让关羽和张飞把礼物拿进来。诸葛亮看都是些金帛之物，就不接受。刘备说，这不是聘礼，只是见面礼罢了，略表心意。于是诸葛亮就不再推辞了。

当天晚上，刘备等人就在卧龙庄上休息了。第二天，一同回到新野。临走之时，诸葛亮还嘱咐他弟弟诸葛均，要他认真种地，不要荒芜了田亩，等日后功成身退，依旧回来归隐。

谁知这一去，即是永别。

刘备请得诸葛亮出山的消息很快传遍了整个荆州，水镜先生司马徽得知这个消息之后，慨然长叹道，"惜乎，孔明虽得其主，不得其时也。"

意思是，孔明虽然跟对了人，但是天命有归，汉室气数已尽，难以挽回。恐怕是徒劳无功了。

后来，刘备的蜀国偏安政权，终被魏国所灭。诸葛亮六出祁山，星落五丈原。都一一验证了司马徽的预言。

曹操挥军南下

刘备得了诸葛亮之后，立马给他与当初和关羽、张飞一样的待遇：食则同桌，睡则同床。关羽和张飞失宠，非常不爽，就在刘备面前说诸葛亮坏话。

刘备说，我得到孔明，就好像鱼儿得到水一样，一刻也离不开。你俩不要再说了。

两人无言以对。

在诸葛亮的指导下，刘备在新野招兵买马，整顿军队。没过多久，孙权派兵攻打江夏（今武昌），杀死了江夏太守黄祖，为自己的父亲孙坚报了仇。

刘表大惊，赶忙派人去请刘备，共同商议对策。

刘备就带着诸葛亮去了。

诸葛亮对刘备说，如果刘表让我们去打孙权，不要去当这个炮灰，就说北边还有曹军要防守，我们得保存实力。

刘备说，我懂。

到了荆州，刘表就直接对刘备说，兄弟，我现在老了，儿子也不中用，孙权刚刚打下江夏，马上就要逼过来了。你来帮我吧，如果我死了，荆州就是你的了。

刘备说，仁兄何出此言。我帮你是分内之事，怎敢图你的荆州。

事后，诸葛亮带着埋怨的口气，问刘备为何不接受荆州。

刘备说，刘景升待我有恩，我不忍心夺同宗的基业。

事实上，刘备不接受荆州，不仅仅是因为他是个仁义之人，更因为他是个聪明人。作为一个志在天下的人，给他再多的土地他都不会嫌多。他不要的原因是不能要，而不是不想要。就目前的现状来说，根本不是得到荆州的最好时机。刘表说把荆州给他，只是客套话罢了。因为刘表自己有儿子，长子刘琦，次子刘琮。这两个儿子，彼此之间还在争斗。长子是原配夫人所生，但是原配已经死了，次子刘琮是继室蔡夫人所生。蔡夫人的弟弟蔡瑁又握着荆州的军权，作为刘琮的舅舅，他不可能让刘琦得到荆州，更不可能让外人刘备得到荆州。一旦刘备表现出对荆州有兴趣，蔡瑁和蒯越立马就会对他的人头产生兴趣。

这种危险而又不义的勾当，刘备才不会干。

果然，当天晚上，刘表的大儿子刘琦就找了过来。作为刘表的长子，刘琦本来是应该继承荆州的。但是由于蔡夫人每天晚上都对着刘表吹枕头风，再加上蔡瑁掌着军权，对荆州的安全影响很大，所以刘表在半无奈半自愿的情况下，答应把位置传给刘琮。如此一来，刘琦就彻底成了蔡瑁等人的眼中钉。

刘琦整日惶恐不安，害怕自己被暗害，现在刘备来了，就赶紧向刘备问计。

刘备说，我给你出不了什么主意，你去请教孔明先生，他点子多。

于是刘琦就把孔明请到自己家。喝过茶之后，央求孔明给他出计策。

孔明说，疏不间亲。我一个外人，怎好插手你们刘家事务？一旦事情有所泄露，蔡瑁等人必将仇视于我，我死无葬身之地。

说着，就要走。

刘琦一把拉住说，不说算了，先生既然来了，就喝几杯酒再走不迟。

几杯酒下肚，刘琦对诸葛亮说，我书楼上有一本古书，请先生看一看是什么书。

诸葛亮跟着刘琦上了楼，问道，书在何处？

刘琦跪在地上，说，我已命人把梯子撤掉了，现在这里就先生和我两人。先生的话，从你口中出，进我耳朵，没有第三个人能够知道。如果先生还不肯出言相救，我就立刻死在您面前。

孔明说，眼下蔡夫人等看你是眼中钉，恨不能除之而后快，你只有远离他们，才能避祸。前不久黄祖被杀，江夏无人去守。你何不给你父亲上书，去屯兵江夏呢？

刘琦恍然大悟。第二天便对刘表说，要去江夏屯兵。刘表犹豫不决，请刘备商量。刘备知道这是孔明的计策，就说，江夏紧邻江东，是东南重镇，应该由你们父子去镇守，西北方向对抗曹操，交给我。

于是刘表就答应让刘琦带着三千人马去了江夏。刘琦从此逃出了是非之地，离开了荆州地区权力斗争的漩涡。

刘琦刚走，曹操就来了。

建安十三年，曹操率大军南下，讨伐刘表。但是刘表没有给曹操讨伐他的机会，曹军还没到荆州地界，刘表就已经卧床不起，奄奄一息了。

刘琦听说父亲病危，慌忙从江夏赶回来。结果被蔡瑁等人拦在门外，不让他们父子相见，怕的就是刘表临死前，突然改变主意，把位置传给刘琦。

刘琦只好望门大哭一阵，返回江夏。

刘备听说刘表不久于人世，也赶紧渡江来看望他。蔡瑁敢拦刘琦，但不敢拦刘备，就放他进去了。

刘备到了刘表病榻前，看到他那奄奄一息的模样，只能安慰几句，比如"你好好养病很快就好了，荆州事务我们会给你办好的"等等，然后就没话说了。

刘表艰难地说，贤弟，我马上就不行了。我的孩子都没能力。你来接任我做荆州刺史吧，荆州我就托付给你了。

这话他以前也说过，刘备没答应。这一次，刘备还是没有答应。原因很简单，刘备如果接受荆州，等于算是把蔡瑁等人到嘴边的肥肉抢走了，势必会引起大战，导致荆州四分五裂。谁也得不到。

那样的结局，不是刘备想看到的。

况且，刘表说出这番话，有几分诚意，也有几分虚假。事实上，他更希望看到的是刘备能够竭力辅佐他的儿子治理荆州，防卫荆州，而不是取代他的儿子。他试图用这种方式感动刘备。他知道，刘备肯定不会接受。所以他才会说。

若干年后，刘备也快死了。临死前，他对诸葛亮也说过类似的话，先生，你的才能比曹丕要强十倍。如果阿斗值得辅助，你就辅助他，如果他不值得，你就取代他。

几句话，把诸葛亮感动得磕头不止。后来就因为这一个临终托孤，搞得诸葛亮星落五丈原，鞠躬尽瘁，死而后已。

历史原来这么有趣·汉朝卷——仁义之君刘备

在这样的情况下，被托付的人，不可能说，好，我就代替你儿子了！而是会觉得自己被信任，被重视，会感激涕零。

所以，当时的刘备就是这样。他握着刘表的手，深情地说，你的儿子都很贤能，足以做荆州之主，你就好好养病吧，别多想了。曹操就交给我了。

刘备在这边拒绝得很彻底，答应得很干脆，回去后，被诸葛亮埋怨得很深刻，给你荆州你不要，凭着新野这个小县城，怎么对抗曹操的大军？

正在烦恼之时，曹操大军已经出动，向荆州进发。刘表听到消息后，又惊又怕，病情加重而死。蔡夫人害怕刘备来奔丧，节外生枝，就秘不发丧，暗地里先教刘琮继任为荆州之主。

当时刘琮年仅十四岁，被众人推到了主位上面。他倒也聪明，知道以荆州这点人马，根本不是曹操对手，就问蔡瑁等人：曹军马上打过来了，怎么办？

蔡瑁等人给出了一致意见：投降。

刘琮说，你们合力推我为主，现在却让我把荆州九郡献给曹操？

蒯越说，现在曹操挟天子以令诸侯，南征北讨，所向披靡。我们如果不投降，就只有灭亡的份。如果投降了，主公还能保住你的爵位。

刘琮说，你说得也是实话。但是我刚继承了父亲的基业，一仗都不打，就将此拱手献给别人？岂不是要被天下人耻笑吗？

众人都说，没办法，曹操势力太大，无法与之抗衡。

刘琮说，那我去问问我母亲。

蔡夫人从帷帐后面转出来，说，既然诸君都表示要投降曹操，那还何必跟我说呢。

于是刘琮命人写了降书，派部下宋忠去曹操那里投降。

宋忠来到宛城，向驻扎在那里的曹军表达了来意。曹操很高兴，不仅亲自接见他，还重赏了他。宋忠送完了信，辞别曹操往回走，结果在渡江的时候，被正在巡逻的关羽给抓了个正着。

关羽看宋忠言辞闪烁，就多次盘问，结果宋忠就把刘表已死，刘琮将献荆州的事情告诉了关羽。

关羽听了大惊，赶快飞马回去报告刘备。刘备听说刘表死了，放声大哭。

张飞说，干脆把宋忠杀了，然后带兵杀到襄阳，把刘琮、蔡氏都杀了，占据城池，再跟曹操交战。

刘备不语，苦苦思考对策。忽然探子又冲进来报道，曹军已经到了城外的博望坡了。于是刘备立马制定了对策——跑。

至于往哪跑，刘备选择了樊城。因为樊城是大城，城池坚固，可以凭险据守。更重要的是樊城紧邻汉江，想要攻打必须依靠水军，而曹军没有水军这个军种。

在跑之前，刘备派人给全城贴告示，告诉全城百姓，曹操要来了，我要跑了。愿意跟着我跑的，都带着自己的金银细软，父母老小，收拾得越快越好。

告示贴出后，满城百姓纷纷都忙活起来，开始收拾东西。因为刘备无论到哪里，都很得民心。百姓们觉得他是仁义之主，即便是跟着他颠沛流离，大家也都很愿意。

于是，十几万新野百姓，拖家带口，跟着刘备，往樊城方向撤退。刚到樊城不久，曹操的骑兵就已经追到了。于是这群人又赶忙渡江，去往江陵。一路上挑担背包的农民，携儿带女的妇女老人，熙熙攘攘，迤迤逦逦，拖了几十里长。每天仅能行进十几里路。

曹操到了襄阳，刘琮出城投降。曹操表封刘琮为青州刺史，刘琮想守父母乡土，不愿去青州，曹操说，我这是为你好，让你离许都近一些，免得被人谋害。

刘琮逼不得已，只好跟母亲蔡夫人一起启程去青州。走到半路上，母子二人被于禁杀死。

于是，争来抢去，蔡氏的计划还是落了空。偌大一个荆州，刘琦没得到，刘备没得到，刘琮也没得到，反而被曹操轻松地拿去了。

可见只要拳头大，美食是不用抢的。好比几只狼在分吃一个猎物，老虎来了，根本不用搏斗，狼就被吓跑了。

赵子龙大战长坂坡

解决了刘琮，曹操便转手来解决刘备。刘备的队伍里老幼妇孺太多，走不了多远，就累了。走到当阳县的时候，刘备下令在一个山坡处驻扎，让百姓休息休息。刚停下来没多久，曹军就到了。刘备慌忙率领两千人迎战，怎奈根本不是曹军对手，很快就被杀得七零八散。张飞护着刘备，杀出重围。家里老小全都失散了。

当时，关羽随着诸葛亮，先去江陵安排，联系江夏的刘琦。在军中，只有张飞和赵云这两个能打。张飞的任务是断后，赵云的任务是保护刘备的家小以及其他百姓。曹军杀过来的时候，张飞只顾混战，护着刘备。乱军中，一大队人马冲来，赵云奋力厮杀，过后发现刘备的家小已经找不到了。赵云心想，主公把甘夫人、糜夫人和小主人阿斗都托付给我，现在他们丢了，我有何脸面回去见主公？不如杀回去，好歹把夫人和阿斗给找回来。

于是，赵云带着身边的几十骑人马，往曹操大军深处杀去。飞奔到长坂坡，遇到一个军士，那人本是刘备帐下护送车队的士兵，他对赵云说，刚才看到甘夫人在人群里。赵云赶紧拍马往前，找到甘夫人。正好又碰到糜竺被曹仁的部将淳于导俘虏了，绑在了马上，赵云一枪刺死淳于导，把糜竺救了出来。便护送糜竺和甘夫人到后方，然后又转身杀回去寻找糜夫人和阿斗。

半路上又碰到曹操的部将夏侯恩。那夏侯恩是专门给曹操背剑的，曹操有两把宝剑，一把是倚天剑，一把是青釭剑，那青釭剑就让夏侯恩背着。夏侯恩看到刘备大败，路上这么多百姓，就背着剑出来抢掠。正好碰上赵云，被赵云一枪刺杀，把青釭剑抢了过来。赵云本来也打算找个人给自己背着，回头一看，跟着自己那几十骑人马全被杀死了，于是就自己把青釭剑背了，继续寻找糜夫人与阿斗。

一路上边走边问，看到许多士兵受伤，躺在路边。一个士兵告诉赵云，糜夫人在前面一个人家那里躲着。赵云飞马过去，看到糜夫人抱着阿斗，在一堵破墙下躲着。赵云赶紧请糜夫人上马。糜夫人看到只有一匹马，而离安全之地还远，不可能让赵云靠双脚把他们母子送出去，于是就嘱托赵云把阿斗带走，自己投井而死。

赵云无奈之下，抱着阿斗，将他藏在自己的护心镜内，飞身上马，往东南方向狂奔。路上不时地有曹操的部将拦路，赵云一手紧勒马缰，一手去格斗。远的拿枪刺，近的就挥起青釭剑，所挡着皆死。赵云身负重任，奋发神威，纵横长坂坡，一直杀到当阳桥，血染重袍。这一场厮杀，砍倒曹军大旗两面，杀死曹军名将五十多人，威震天下。

就在赵云驰骋长坂坡的时候，侥幸逃命回来的糜芳对刘备说，我看到子龙向西北方向去了，他一定投降曹操了。

刘备刚刚遭遇惨败，十几万百姓跟着他遭难，自己的妻子老小也不见了，心里正一肚子闷气。换作别人，听说自己的部将叛变了，一定会破口大骂。但是刘备并没有。他反而斥责糜芳道，你休得胡说，我与子龙是患难之交，他怎么可能叛变我。（子龙不弃我走也。《三国志》）

张飞说，我去找找看，如果真是如此，我便一枪刺死他。如果不是，我就接应他。

于是张飞就带领着二十多骑兵，来到长坂桥，挺着长矛站在桥上。正好看见赵子龙抱着阿斗往这边飞奔，身后跟着一大群曹军。

赵云大叫道，翼德快帮我！

张飞说，你快走，曹军交给我。

赵云飞马过桥，远远地看着刘备和一群人坐在树下休息，便赶过去，下马跪在地上说，主公，糜夫人不肯上马，投井自尽了。我带着小公子杀了出来。刚才还听到他在啼哭，这一会儿没有动静了，恐怕是保不住了。

说完，就一边哭，一边解开怀里的护心镜。结果发现阿斗没有死，而是睡着了。于是又转而大喜，赶紧将阿斗递给刘备。

刘备看到自己儿子没死，是不幸中的万幸，本应该高兴的。但他却做了一个很令人吃惊的动作。他接过阿斗，往地上一扔，哭道，为你这个小子，差点害死我一员大将！

刘备这年已经47岁了，只有这么一个骨血，所谓晚年得子，爱之不及，怎么舍得扔到地上呢？有人说，他这是把自己孩子的生死置之度外，而把赵云放在了心上。这么说，明显是美化了刘备。因为爱子是人的天性，刘备在惊喜之下，把孩子扔掉，不过是在宽慰赵云，并非是把赵云看得比他的儿子还重要。

刘备这个动作，也证明了他不纯粹是一个仁慈忠厚的人，他也很狡黠，也有心计。在那个乱世，单靠仁慈是不能有所成就的，耍手段是每一个要做大事的人所必须学会的技能。

而单纯地给刘备扣上仁义的帽子，也并不利于我们了解历史真相。不管是狠毒的曹操，还是仁义的刘备，狠毒和仁义都是别人给他们贴上的标签。我们必须先揭掉这个标签，才能真正接近他们。因为不管是谁，都必须先是人，然后才是什么样的人。而他只要是人，就具备了人的一切本性，比如爱子，比如有私心，等等。

刘备这边安慰赵云的时候，那边的张飞正在努力抵挡曹操的大军。张飞不是莽夫，他也善用计谋。他命令手下那二十多个骑兵，每人在马尾巴上绑一捆树枝，在后面来回驰骋。树枝在地上荡起很多灰尘，灰尘冲天，遮蔽道路。曹军怀疑后面有伏兵，就不再追赶，停在了河的对岸。

张飞一人挺枪立马站在桥上，看着对面的曹军，大喊道，我乃燕人张翼德也！谁敢与我决一死战！

对面的曹军将领，有曹仁、夏侯惇、夏侯渊、张辽、许褚等。众人看见张飞这等模样，都不敢妄动。因为先前关羽在曹营斩杀颜良的时候，曾对曹操说过，我这不算啥，我三弟张翼德，百万军中取上将之首级，就如同在自己口袋里拿东西那样随意。当时曹操大惊，下令每个将军见到张飞的时候都不要轻敌。

在他们逡巡不敢前进的时候，刘备已经带着残兵败将逃远了。张飞完成了拖延敌军的任务，临走的时候，就把长坂桥给拆断了。当然这是个多余的动作，因为对于曹操大军来说，投鞭断江，先锋队伍修一座桥几乎就是一眨眼的工夫，张飞把桥拆毁，一下子就表现出了自己的胆怯心理。

曹军很快修好了桥，继续追赶刘备。

刘备此时的逃命速度比之前快了很多倍。原因是，新野和樊城两个县的人民，在跟着他跟到长坂坡的时候，被曹军杀散，流离失所，各自逃命去了。这些百姓可没有人去保护他们，也没有一个勇武的将军去救他们的儿子。没有他们跟着，刘备就少了许多累赘。

而对于这些百姓来说，刘备的逃跑速度实在太快了，他们早就找不到刘备了。就是想跟，也没法再跟。如果说，当初他们不念着刘备的仁义，留在城里继续当百姓，曹军来了，未必就会对他们施暴。因为曹操虽然残暴，但也不是杀人不眨眼的魔头，杀百姓又费力气，又遭人骂，吃力不讨好的事，曹操也不愿意去干。只要这个地区的人民臣服于他，他基本上不会动刀子的。

而刘备虽然仁义，却很弱小。百姓们冲着他的仁义跟着他，最后都遭了殃。这也是仁义带来的危害。

曹操得荆州

刘备逃到汉津，与关羽、诸葛亮所带的水军会合。刘表的长子刘琦当时正在江夏驻扎，得知刘备被曹军追赶，就带着所属的几万水军也赶到汉津，与刘备会合，然后把刘备接到了江夏。

由于曹操的士兵都是北方人，都是骑马作战，不会水战。所以曹军虽然人数众多，对于江夏这个水边城市却没有太大威胁。曹操望江兴叹，只好把临近几个城池抢占了。

不过，曹军并不是没有水军，而是没有自己的嫡系水军。因为刚刚投降的蔡瑁、张允，就统领着襄阳的几万水军。一旦曹操能够完全控制这支水军，就会再次举起大刀。

曹操这次下江南，志向远大，可不是为了对付刘备的。刘备那点人马，他都没怎么放在眼里。虽然诸葛亮多谋，关羽、张飞勇猛，但不还是被他追得到处乱跑。

他起初是为了干掉刘表，拿下荆州。因为刘表死得太快，所以他不费吹灰之力就得到了荆州。

拿到荆州之后，与江东只有一水之隔了。他从许昌出发，带了几十万大军，到荆州又招降了一批。带着这么多人马，可不是来旅游的，每天几十万人和马，嘴一动，那就是无数的粮草。

若不乘胜拿下江东，更待何时？

目前的天下形势，对于曹操来说，可谓是一片大好。北方已经被他平定，只剩下西凉一小块地方。西南益州刘璋和汉中张鲁，又都是懦弱无能之辈，很容易就能搞定。所以，只要拿下了江东，就相当于定了天下，再也没有哪方势力敢与他对抗了。

当然，江东孙吴不会束手就擒的。他们凭借着天险，一直没有打过仗，一直在发展。所谓国险民附，不是轻易就能够战胜的。

为此，曹操集合了所有能调动的军队，分为马步水三军，对外号称百万大军，水陆并进，连营三百余里，沿着荆州的江面，往东南而去。

同时，他还不忘调侃一下孙权，给孙权写了一封信。

信的内容是："孤近承帝命，奉词伐罪。旌麾南指，刘琮束手；荆襄之民，望风归顺。今统雄兵百万，上将千员，欲与将军会猎于江夏，共伐刘备，同分土地，永结盟好。幸勿观望，速赐回音。"

曹操这封信，内容虽然不多，但用意却很险恶。首先，"孤近承帝命，奉词伐罪"，就先摆出了自己的政治优势：我是奉天子的命令，来讨伐你们这些有罪的人。其次再说自己怎样收服了荆州，荆州臣民对自己是如何地敬服。最后还挑拨了一下孙权跟刘备的关系，说咱俩可以一块干掉刘备，平分刘备的土地。

曹操这话非常搞笑，因为刘备根本没有土地，怎么平分？而且刘备客居江夏，与江东是唇齿关系。唇亡齿寒，如果刘备灭亡了，那曹操肯定会转身就对付江东。他这点野心，江东人士自然都能看出来。

孙权接到了战书，就赶紧召集众多谋士和将军商量对敌之策。事实上，东吴对荆州这块地盘垂涎已久。早年刘表在世的时候，两边就打过几次仗。东吴也想得到荆州九郡，然后往中原挺进。但没想到让曹操抢了先机。

如果这次能够打败曹操，把荆州夺过来，那再好不过。第一，扩大了地盘，把江南江北连在了一起；第二，这也不是从刘表手里抢来的，而是赶走了侵略者曹操之后得到的。这地盘拿得光明磊落。

当然，这都是美好的遐想，是阳光下的泡沫。面对着曹操的百万大军，孙权等人首先想的是保住祖上留下来的基业，如何保证自己不被吞并，而不是去啃别人一口。

没办法，因为双方的实力悬殊实在是太大了。

军队数量就不说了。光是对比文武官员，东吴就跟曹操不在一个档次。曹操手下，谋士有贾诩、荀彧、荀攸、程昱、刘晔等，再加上曹操本人也是个用兵天才。武将呢，有曹仁、曹洪、夏侯惇、夏侯渊、李典、于禁、徐晃、张辽、许褚等，都是勇冠三军的猛将。在整个三国历史上，这些人都是数得上的厉害人物。

而孙权这边，谋士仅有张昭、鲁肃等人，武将也就周泰、韩当、黄盖、程普这几个人，也谈不上多么勇武。还有一个周瑜，还是个儒将。孙权本人，又年纪轻轻，才二十七岁，跟诸葛亮年纪相当，可谓是初生牛犊。而曹操已经五十三岁了，比他大近一倍。曹操跟孙权的爹孙坚是一个时期的人，从战黄巾到现在，曹操打了无数次的仗，打青州、打徐州、打乌桓、打袁绍、打刘备、打吕布，一直都在打。打仗经验远比他丰富，领导能力远比他强。跟曹操相比，孙权是实实在在的菜鸟。

这样的差距，是人人都可以看到的。为此，江东的文武官员都人心惶惶。商议对策的时候，许多将军都说跟曹操没法打，张昭等人更是直接劝孙权像刘琮那样投降曹操。

孙权看着众人的表现，想到祖宗基业将要葬送在自己手里，心里不是滋味。他起身出去上厕所，鲁肃跟了出去。孙权就拉着鲁肃的手说，子敬（鲁肃字子敬），你肯定是有话想说。

鲁肃说，我刚才听众人的议论，觉得他们都是在坑你啊。曹操率大军而来，像我鲁肃这样的人，是可以向他投降的。因为投降之后，曹操就会让乡党百姓评价我们的品行才干，然后继续在本地做官，坐着牛车，身边跟着仆人，与达官贵人们相互往来，时间久了，照样可以做到州郡的长官。但是你要是投降了曹操，曹操会怎么处置你呢？肯定会把你软禁起来，不再让你出来做官。众人都是在误你啊。

孙权长叹一声说，我刚才听了他们的议论，非常寒心。现在听了你的想法，才感觉有些安慰啊。但是，我们怎么对付曹操呢？

鲁肃说，孤掌难鸣。我们最好是联合刘备，共同抵抗曹操。

孙权想了想，虽然刘备人手少，也没地盘，跟曹操差很远，但是刘备经验充足，而且身边也有一帮愿意为他出力卖命的人。最重要的是，刘备也是曹操的敌人。所谓敌人的敌人就是朋友。

况且，除了刘备，旁边也没有谁可以联合了。因为曹操就是针对东吴而来的，远在益州的刘璋和汉中的张鲁没理由在这个时候跟他联合。只有刘备，被曹操赶到江夏，江夏紧邻江东，才在客观上跟他同仇敌忾，站在了一条战线上。

于是，孙权就派鲁肃以给刘表吊丧为名，到江夏去联系刘备，商量合作事宜。

孙权在那边谋划的同时，刘备这边也没闲着。

面对曹操即将南下的大军，江夏首当其冲。所以，刘备比孙权还急。虽然江夏不是他的地盘，而是侄子刘琦的，但他现在被刘琦接过来住，叔侄两个可谓是同舟共济，生死与共。再说，念及当年刘表对他的恩情，他也不会坐视曹操吞并了江夏而不理。

所以，刘备下定决心，这次不跑了，就跟曹操对抗。

鲁肃到了江夏，诸葛亮听说后，就问刘琦，你们平时跟江东有来往吗？

刘琦说，当年孙坚死在我们手里，江东就跟我们有杀父之仇，怎么可能有来往。

诸葛亮说，如果是这样，那鲁肃肯定是来当说客的。

其实，诸葛亮心里早已经在下一盘棋。他倒是很希望曹操跟东吴打起来。如果东吴赢了，就和东吴一起杀掉曹操，夺取荆州。如果曹操赢了，就跟着曹操到江东去占一块地盘。

第五章 寄人篱下 反客为主

对于诸葛亮这种绝顶聪明的人来说，没有什么绝境。因为他永远都能从绝境中看到生机。眼下曹军压境，他一个简单的计划，就化险为夷，逢凶化吉，给刘备集团指了条明路。

当然，从内心来讲，诸葛亮还是希望曹操输。因为这厮挟持天子，不怀好意，而且又残暴，手下人才又多。如果他赢了，就算刘备趁机抢占了江东一块地盘，也迟早会被吞并。

所以，诸葛亮也极力劝说刘备，与孙权联合。

既然两边都有意向，这事就好办了。鲁肃来了之后，向刘备表达了联合作战的愿望。刘备欣然同意，就派诸葛亮作为使者，跟着鲁肃到东吴进行洽谈。

真实的赤壁之战

按照《三国演义》的记载，接下来要发生的事情就是：诸葛亮舌战群儒、诸葛亮草船借箭、周瑜使反间计、诸葛亮借东风、曹操大败。

但事实并非如此。因为在赤壁之战这场战役里面，刘备集团出力并不大，总共也就两万多人参加了赤壁之战，孙刘联合战线上，主要还是孙权的军队在与曹军作战。而且孙刘盟军的总司令是周瑜，战略计划和具体战术也都是周瑜定下的，诸葛亮只是起到了一个辅助作用。

借东风之说更是空穴来风。

如果说，周瑜安排好了一切，用十几万将士的性命做赌注，就等着诸葛亮借来东风，才能对曹操用火攻的话，那周瑜的智商也太低了。

而如果诸葛亮真能呼风唤雨，对战场形势产生逆转性作用，那他就不是人，而是神。

这些，都是违背客观事实的。

真实的情况是，心高气傲的周瑜，根本就没把刘备这个战略合作伙伴放到眼里。诸葛亮跟着鲁肃到了柴桑之后，周瑜居然要求刘备来见自己，这实在是无礼至极。因为按照官阶来说，刘备是左将军，比孙权的讨虏将军官阶高，周瑜根本不配与刘备平起平坐。何况周瑜只是个打工的，是孙权的一个手下，而刘备是一个老总，虽然刘老总的公司规模小，没有孙老总大，但是作为合作伙伴，刘老总和孙老总是平起平坐的。孙老总的总经理怎敢让刘老总来主动见自己？

但是，为了不节外生枝，搞好合作，刘备忍辱负重，主动去见了周瑜，聊了聊兵力的部署和安排。

经过了充分的战前准备，"赤壁之战"拉开了帷幕。

建安十三年（公元208）十二月，曹操率水军从江陵顺江而下，在赤壁与周瑜水军遭遇，双方展开了会战。这场战役，最终以曹操的失败而告终。作为三国历史上最著名的"三大战役"之一，"赤壁之战"意义非凡，影响深远。它让曹操短时间内吞并东吴统一天下的梦想化为泡影，同时又给了刘备生存的机会，奠定了三国鼎立的格局。由于这场战役经过了小说家的演绎，很多东西已经失真，而且那些带有传奇色彩的故事又在民间广为流传，所以，具体的过程我们就不再赘述。对于这样重大的历史事件，了解它的发生过程就如同看故事书一般，是小孩子的爱好。因为整个过程精彩纷呈，斗智斗勇的场面层出不穷。而探究这场战役的得失，总结经验教训，才是大人们应该做的事。

首先来说曹操。

作为一个久经沙场的军事家，曹操用兵至今，从未遭受过如此大的失败。昔日"官渡之战"中，他以少胜多，打败了比自己强大很多的袁绍。他征吕布、打张绣、征乌桓，几乎战无不胜，每次出手都赢。而唯独在赤壁，还是如此大的优势下，被人一把火烧得落荒而逃。

这说明，这场战役的失利，并不完全是指挥官曹操的个人原因，而是有着各方面的原因。分析开来，我们会发现，想要干成一件大事，最好是天时地利人和全部具备。而在赤壁之战中，曹操所面对的客观因素，几乎都是不利的。

首先说天时。当时正是冬天，按理说，冬天是不会刮东风的。但是众所周知的是，曹操的水军的确是被黄盖的十艘带有火药柴草等易燃物的小船给引着了，而且当时也的确刮了东风。如果没有刮东风，周瑜的火攻计划就不能有效实行。因为曹军在上游，孙刘联军在下游。小船不可能逆流来放火。

其次说地利。会战的战场是在江面上。曹操的军士，除去荆州水军，剩下的绝大多数都来自北方，习惯在马上作战，而不是在船上。很多士兵恐怕长这么大压根都没见过船。虽然曹操在下江南之前作了准备工作，在许昌的外面挖了玄武池操练水军，但是那几个月的训练，终究比不上吴国军人长年累月的水上训练。而东吴的士兵，几乎都是在水边长大的，可以说是深谙水性。这样一对比，曹军就没什么优势了。为了弥补这个缺陷，曹操才让人用铁索把船都给连起来。而又因为老天不帮他，刮了东风，才引发悲剧。

如果说，这场战役的发生地，还是像以前一样，在北方，或者是在陆地上，那么，曹操失败的几率就会减少很多。

最后说人和。据《三国志·孙权传》记载："公（曹操）烧其余船引退，士卒饥疫，死者大半。"曹操自己也说，"驱中国士众远涉江湖之间，不习水土，必生疾病。"《三国志·曹操传》里记载："公至赤壁，与备战，不利。于是大疫，吏士多死者，乃引军还。备遂有荆州、江南诸郡。"后来曹操自己评价这场战役，也如此说道："赤壁之役，值有疾病，孤烧船自退，横使周瑜虚获此名。"

由此可见，当时曹操的士兵的确生了传染病，没有发挥出正常水平。

当然，曹操自己也难辞其咎。比如他轻信黄盖的诈降，还有对战场形势的误判，因为自大而轻视东吴水军等等，都是导致战役失败的重要原因。

而他的失败，一下子就给了刘备喘息的机会。刘备趁机得到了荆州的几个郡，从此站稳了脚跟，成了一大地方势力。

此后，刘备再也没有依附过任何人，寄人篱下的日子总算是一去不复返了。二十多年来，他征战无数，终于有了一片可以自由驰骋的土地。

刘备"借"荆州

"赤壁之战"结束了，曹操落荒而逃。据他自己说，是他本人放火烧了船，掩护自己的军队撤退，才成就了周瑜的名声。但是不管怎么说，他失败了。孙刘联军胜利了。对于曹操来说，他当务之急是休息整顿，恢复元气，消除战败带给他的不利因素，包括政治上面的，经济上面的，朝廷里面的，朝廷外面的。而对于孙权和刘备来说，当务之急就是摘取胜利果实。

像每一个合伙做事的团队一样，做事情的时候齐心协力团结一致，等到拿分红的时候，却吵得不可开交，你说我多拿了，我说你多拿了。

由于曹操刚下江南的时候，刘备像一只丧家犬一样被撵得到处跑，最后借住在侄子刘琦所在的江夏。而孙权面临着强大的曹军，有江山不保的危险，也根本没有多想。因此刘备和孙权是在情势十分危急的时候仓促联盟的，大家都想着保命要紧，对于战后怎么分战利品并没有一个明确的协议，这就导致了战利品分配不均的问题。

这个战利品，就是荆州。

东汉时的荆州，辖区里面有七个郡，分别是南阳郡、南郡、江夏郡、零陵郡、桂阳郡、武陵郡和长沙郡。南阳郡，本来就在曹操的控制之下，因此刘表的地盘，只有荆州六郡。曹操到襄阳之后，刘琮向他投降，曹操名义上就拥有了整个荆州。但是"赤壁之战"中曹操失败，只保住了南阳郡和南郡的一部分，失去了对其他几个郡的控制权。

而这几个郡，就是孙权和刘备要争夺的对象。

对于孙权来说，他最想要的是位于江南的武陵郡、长沙郡、零陵郡和桂阳郡。因为这几个郡跟他的地盘很近，得到之后就可以连成一片。至于江北的襄阳和樊城，他的兴趣不是很大。

但是，他想要的，刘备也想要。

虽说在"赤壁之战"中，主要的作战单位都是孙权那边的，刘备这一方出力没有孙吴多，但也不能因此就忽视人家的功劳。军功章里，有孙权的一半，也有刘备的一半。不要小看刘备的两万多人马，在战场上起到的作用与孙权的十万水军是一样的。因为如果刘备不跟孙权联盟，曹操以一打一，胜算将会更大，从气势上就直接把孙权给压倒了。与刘备联盟之后，虽然刘备兵力少，但曹操却不得不分心分力去对付刘备，这种泄力的作用是很明显的。

所以说，既然在战前没有明确的划分，战争过程中双方又都起到了关键作用，那如何获得胜利果实，得到多少，就看双方各自的手段了。

而当时的实际情况是，江南这四个郡里的官员，其实都还是刘表在位期间任命的。因为曹操得荆州后不久，"赤壁之战"就爆发了，他还没来得及把各地区的官吏换成自己的人。而且当地的地方长官有着极高的政治自主权，愿不愿意跟他还是另外一回事，他只是派了一些使者去招降而已。"赤壁之战"后，这些地盘还是独立的，并且有武装。刘备和孙权无论哪一方，想要得到这些郡，都不是一件容易事。搞不好，这四个郡联合了起来，就还得再打一场仗。

针对这种情况，刘备想到了一个妙招——上表奏请刘琦为荆州刺史。

这一招非常高明。因为从法理上讲，刘琦是原来荆州之主刘表的长子，具有继承荆州的先天优势。而且江南四郡的太守们，看到自己老长官的儿子做了新刺史，自然是很欢喜，少了许多抵触情绪。如此一来，收服这四个郡就减少了许多不必要的麻烦。

那有人要问了，刘备是曹操的敌人，曹操又控制着朝廷，他会让皇帝答应刘备封刘琦为荆州刺史吗？

答案是：当然会。因为曹操是个成熟的政治家，刘备的奏章刚一呈上来，他立马就知道了刘备的真实意图。对于他来说，在这个时候给刘备设卡是没意义的。因为他已经失去了对荆州的控制权，江南那几个郡，他在短时间内无论如何也得不到。不如就让给刘备，如果刘备得到了，就会跟孙吴产生矛盾，孙刘联盟就不攻自破了。何乐而不为呢？

当然，刘备在上奏章的时候，也考虑到那四个郡未必就会因为刘琦而归顺，所以同时也派了军队前去收服。他让关羽率领水军从长江进入沅水取武陵，然后取长沙，最后去桂阳和零陵。

史书记载，"武陵太守金旋、长沙太守韩玄、桂阳太守赵范、零陵太守刘度皆降。"

按照《三国演义》的说法，这几个郡的太守不是降服的，而是被杀服的。金旋出城抵抗，死于阵前。韩玄被自己的手下魏延砍死。赵范被赵云活捉。

但不管怎样，这几个郡算是到手了。

不过，攻打武陵郡的时候，孙吴的军队也参与了，而且事后孙权还任命黄盖为武陵太守，所以，刘备最终到手的只有剩下的三个郡。

刘备在抢夺江南四郡的时候，周瑜正率领东吴的主力与曹仁大战。因为"赤壁之战"中虽然曹操大败，但战后曹仁并没有撤走，而是死守江陵。周瑜就派兵攻打江陵。一直打了一年，曹仁才被迫撤出。

经过了一年的血战，周瑜打下了江陵。江陵位于长江中游偏上的位置，上可以进军巴蜀，下可以保卫东吴，同时还能威胁到曹操的中原，是个战略要地，军事重镇。所以周瑜才会竭力攻打江陵，而放弃与刘备争夺江南四郡。

刘备刚得到江南四郡，刘琦就病死了。史书上没有具体说明他死亡的原因，但是人们都认为，刘琦年纪轻轻，正是大干事业的时候，却得病而死。不是死于战场，也不是死于谋杀，而是死于美女。

按照《水浒传》里的话形容就是，"被酒色淘空了身子"。

刘琦死后，荆州名义上就没有了主人。刘备在荆州七八年，深得当地民心。荆州的民众纷纷推举刘备领荆州牧。

刘备同意了。

以前刘表活着的时候，让他做荆州之主，他不同意。刘表临死前，让他继承荆州，他还是不同意。因为那两次都名不正而言不顺，他没有资格坐在那个位子上。但是现在不一样了，他打退了曹操，保卫了荆州。他是荆州百姓的恩人。

但是，当了荆州牧，不过是拿了一块大印而已，并不代表完全掌控了这块地盘。想要长久地掌握这些地盘，就得跟盟主孙权好好谈谈。因为这些地盘名义上毕竟是盟军的，不是他个人的，最后的归属，还是要看孙权怎么分配。

为了得到这些地盘，刘备决定亲自到东吴走一趟，来一个最高级别的会谈。诸葛亮害怕他一去不复返，就不让他去，但他执意前往。他觉得，东吴不会这么卑鄙，战争刚结束就杀盟友。因为双方达成的是战略合作伙伴关系，是持续性的。只要曹操不死，威胁还在，他们的联盟就不会轻易解散。

由于当时孙权的官职是讨虏将军、会稽太守，而他是左将军、豫州牧，比孙权还高几个级别，为了避免孙权尴尬，他就给朝廷上表，表奏孙权为车骑将军、领徐州牧。

车骑将军是所有武将中级别最高的，一下子比他的左将军还要高出一个等级。刘备做得挺够意思的。

但事实上，这些奏章都是很可笑的。因为皇帝又做不了什么主，朝廷里的大小事都是曹操说了算，曹操跟他们是敌人，就算不通过，他们这些地方势力，想怎么弄就怎么弄，曹操除了来打他们，也没有其他办法。所以说上奏章，就是走个过场，皇帝能不能看到都是个问题。

然后，刘备就坐着船，顺江而下，跟孙权见面了。

这一年，孙权二十八岁，刘备正好五十岁。两人差了一辈，聊天的时候几乎没什么共同话题。刘备最多回忆一下当年讨伐董卓的时候，自己在大帐里站着，看见孙权他爹孙坚坐着的模样，给孙权描绘一下孙坚当年的雄姿。

除此之外，也没有什么家常话可以说了。

孙权对刘备的到来感到很兴奋，毕竟这是一个长辈，以低姿态来见自己，说起来也是倍儿有面子。因此他不仅答应把江南四郡中的三个划给刘备，甚至在得知刘备的正室夫人不在人世的时候，当即就做主，搞了一场政治联姻，把自己的妹妹许配给刘备当夫人。

一个二十八岁的年轻人，为了一个稳定的政治联盟，居然把自己的妹妹许配给能当自己叔叔的人，这是怎样的一种魄力？

生子当如孙仲谋。

刘备当然很高兴地答应了这门亲事。

刘备在跟孙权会晤的时候，周瑜得知了这个消息，就写信给孙权，让他把刘备给软禁了，不要再放走。因为刘备不是池中物，早晚都会对东吴产生威胁。

周瑜对于刘备这一伙人向来都不感冒，但是鲁肃对刘备等人印象很好，属于亲刘派。孙权看了周瑜的信之后，沉吟了一下，就问鲁肃怎么看待这事。

鲁肃说，目前我们最大的敌人还是曹操，联合刘备抵抗曹操才是我们要做的事。如果在这个时候软禁刘备，关羽和张飞在外面知道后，肯定不会善罢甘休。他们就会打过来，这样我们两方交战，曹操一定会再次用兵。到时候，光是依靠我们的力量，是难以战胜曹操的。反正刘备的那几个小郡都在我们眼皮子下面，以后我们可以慢慢地吃掉他。而且刘备在荆州的民众基础很好，我们正要依靠他来安抚荆州百姓，万万不可对他下手。

孙权听了鲁肃的分析，觉得言之有理，就没有软禁刘备。

由于当时周瑜占领了江陵，正打算向益州进军，所以没有再来纠缠刘备。结果行军到巴丘（今湖南岳阳）的时候，不幸病逝，享年三十六岁。一代儒将就此陨落。

民间广为流传的"诸葛亮气死周瑜"，周瑜"赔了夫人又折兵"，都是子虚乌有的事。因为当时的诸葛亮，级别还不够跟周瑜对话。刘备集团的指挥权主要还是在刘备手里，他无法做出能把周瑜气死的事。

至于"赔了夫人"，那是孙权自己的决策，是为了强化与刘备的联盟关系，谈不上是"赔了"，跟周瑜也没有什么关系。

周瑜是三国时期一个重要人物。他作为孙刘联军的最高军事指挥官，在面临比自己强大几倍的曹军压境的时候，他没有畏惧，没有退缩，而是以坚定的决心，超凡的勇气，绝高的智慧，打赢了这场最重要的战争，把曹操赶回老家，粉碎了曹操统一江南的野心，促成了三国鼎立的局面。

他改变了历史的轨迹。对于三国历史，起到了不可代替的作用。

他是一名英雄。

临死前，他留下遗言，推荐鲁肃接任自己的都督职位。

周瑜的英年早逝让孙权悲痛不已，他接受了周瑜的建议，让鲁肃接管军队，负责整个荆州。刘备趁此机会向孙权借荆州。

考虑到刘备没有自己的势力和地盘，鲁肃就答应了刘备的请求。

在鲁肃的劝说下，孙权同意把荆州借给刘备，把自公安以西的荆州长江沿岸的全部城池都移交给了刘备。

孙权这样做，关键就在于他认可鲁肃的战略计划：联合刘备，抵抗曹操。

鲁肃的想法和诸葛亮是一致的。因为诸葛亮在隆中的时候，就给刘备制定了方向：联合孙权，抵抗曹操。

可以说，两家想到了一起。

这就是所谓的"刘备借荆州"的历史背景和过程。

由于后来刘备不肯归还荆州，两家为了荆州大打出手，甚至导致了关羽的死亡，人们纷纷指责刘备赖账，借人家东西不还。民间也由此出现了"刘备借荆州——一借永不还"的歇后语。而历史学家对于这件事也各执一词。大家争论的焦点在于：刘备该不该拥有荆州，刘备的荆州算不算是借来的。

按理说，"赤壁之战"主要是东吴在打曹操，联军主力是东吴军队，好比是甲乙两人一起去打老虎，甲上去与老虎奋战，乙主要就是在旁边呐喊助威，或者拿着小刀趁老虎不注意的时候在老虎屁股上扎两下。相对来说，乙出力是比较小的，老虎之所以会死，大多是甲浴血奋战的结果。所以在分猎物的时候，主要是甲说了算。

但这并不代表这一只老虎就可以全部归甲所有。因为乙也是有功劳的。如果不是他在后面骚扰老虎，老虎就会全身心地对付甲，那甲有可能就被吃掉了。同样，在面对曹操的时候，如果没有刘备的加盟，孙权和曹操谁胜谁败还真难说。

现在，曹操被打败了，留下了荆州这个猎物。难道说，孙权就可以把荆州全部据为己有？就没有刘备的份？

显然，这是说不通的。

况且，当初还是孙权主动派鲁肃去跟刘备联盟，这等于是找人家帮你打架，难道打完了就没有酬劳？

最起码，刘备自己打下的那江南四郡，是刘备应该得到的吧。

但是，话又说回来，东吴毕竟是出力最多的那一方，人家死的人也最多，得到的补偿也应该是最多的。刘备占着江南四郡，是理所应当的。但是挨着长江的这几个郡，就应当属于孙权的了。总不能让人家将士的血白流。

而这几个郡，正是刘备借走，日后又拒不归还的。

所以，公正地说，刘备借荆州这件事，他理亏。

而正是他占的这个便宜，为日后埋下了更大的祸患。

曹操与马超的恩怨

刘备借了荆州其他几个郡之后，算是除了曹操占领的南阳郡和南郡的一部分，整个荆州都在他的控制之下了。

这是他生平第一次有了这么大一块地盘。虽然之前在徐州也待过，但是那根本不能算是自己的地盘，因为那里的官员都不是自己的人，百姓跟自己也没什么感情。而在荆州，经过七八年的沉淀积累，刘备的民众基础已经变得非常深厚。有了这些百姓的拥戴，荆州才算是他真正的领地。

历经磨难，荆州总算是被拿下了。按照诸葛亮最初的隆中对战略计划，第一步就是拿到荆州。然后，拿下益州。

益州就是巴蜀地区，是天府之国，土地肥沃，物产丰富。而且地势险峻，易守难攻。在诸葛亮的计划里，那里是王兴之地，是必须要拿到手的。

当然，诸葛亮不是三国时期的唯一能人，东吴的人也看到了益州的战略意义。早在赤壁之战之前，周瑜和甘宁就曾对孙权提过建议，要趁着益州之主刘璋无能，把益州给打下来。

没想到孙权太不拿刘备当外人，居然把这个计划告诉了刘备，问刘备是啥看法。

刘备早就知道益州对自己的重要性，当然不想让益州落到孙权手中了。因此当时就带着哭腔对孙权说，刘璋跟我是宗室兄弟，都是汉室的后裔。他如今软弱无能，得罪了身边的人，人们都说他坏话。我希望你能宽恕他，不要攻打他。要是你不肯给我这个面子，我就啥也不干了，回深山老林隐居去了。

当时正值曹操大军压境，孙刘联合之际，孙权一看刘备这话都说出来了，也不敢因为这事破坏了合作。况且眼下主要是为了抵抗曹操，根本抽不出兵力去攻打益州，因此就答应了刘备。

赤壁之战后，周瑜花了一年的时间去打江陵，刚打完江陵，就打算整军去打益州。没想到自己突然得病死了，这计划就算是搁浅了。

东吴的计划搁浅了，刘备的计划就要起航了。不过，这还需要一些契机。在攻打益州之前，刘备还需要作一些准备工作，比如先派人去益州打探军情，了解蜀中的地理位置以及政治形势等，最好是能策反一两个益州的重臣，来个里应外合。同时还要把荆州的基础再巩固一下，有备无患。

在刘备做这些工作的时候，曹操也没闲着。从赤壁之战的惨败中恢复元气之后，曹操就立即投入到他那轰轰烈烈的统一天下的工作中去了。对于他这样一个有雄心壮志的人，再大的挫折都无法击败他。何况只是一场战役。

前面说了，曹操之所以在赤壁之战中惨败，跟马超的西凉军在他背后骚扰也有关系。因此，他在总结了教训之后，决定先把马超给收拾了，然后再图江南。

马超，字孟起，陕西扶风人。他的出身非常贫寒，祖父马平曾经做过一个小官，后来丢了官职。马平因为家里太穷，娶不起本地人，就娶了一个羌族的姑娘做老婆，生下了马腾。马腾后来又生下马超。马腾勇武有力，但在入伍前，一直都是靠着上山砍柴来养活家里老小。

后来马腾跟着凉州刺史耿鄙作战，很快就在军队里崭露头角，升为高级军官。马超长大后，子承父业，也加入了西凉军，并且成为强手中的强手。父子俩在西凉军中的威望日隆。

建安七年（公元 202 年），袁绍的儿子袁尚勾结南匈奴入侵关中，当时的关中是司隶校尉钟繇在镇守，钟繇的兵力不足，害怕不能守住关中，就写信给马腾、韩遂，让他们派兵帮助自己。于是马腾派马超率万余军前来援助钟繇。在战场上，马超身先士卒，奋发神威，脚被箭射伤了，就简单包扎了下，继续向前冲，可谓是重伤不下火线。最后大破袁军和匈奴军。鉴于他的军功，曹操封他为徐州刺史，但是马超拒不赴任。马超知道，自己不能离开西凉。

后来，曹操只好给他封了个文职，谏议大夫。

之后的几年，马腾和马超父子俩在西凉地区的实力越来越雄厚，也赢得了当地民众的广泛热爱。曹操害怕马家势力壮大之后威胁到自己，就想办法把马腾弄到了许昌做官。马腾心想自己年纪也大了，也不想再过戎马生涯了，而且跟韩遂又不合，于是就带着自己的另外两个儿子马休、马铁进了许昌，做了九卿之一的卫尉，打算安享天伦。

只有马超不肯入京，继续带着军队，留守凉州。曹操无奈，就给他升了官，封为偏将军，都亭侯。

马超的不合作态度一直让曹操惴惴不安。曹操这人，是个典型的"卧榻之侧岂容他人鼾睡"的人，有那么一股强大的势力在自己的身后，就不是有个人睡在自己旁边了，而是一只狼睡在旁边。曹操总觉得，说不定哪一天，这只狼就会咬他一口。

而曹操又是一个疑心病很重的人。这种担忧让他彻夜难安，觉都睡不踏实。

为了消除这种顾虑，为了获得安全感，曹操决定把马超给解决了。

解决一个人或者一件事的方法有两种，一种是来软的，一种是来硬的。从之前的情况来看，马超是个不服软的人。那曹操就只好对他来硬的了。

建安十六年（公元211年）三月，曹操派夏侯渊和钟繇率大军出河东，声称要进攻汉中的张鲁。由于途经凉州，曹操就派使者对马超和韩遂说，要借个路。

马超当即就料到，这是曹操的"假道灭虢"之计，不能相信。

假道灭虢是一个典故，说的是春秋时期，晋献公向虞国借路去攻打虢国，给虞国的国君送了很多贵重的礼物。虞国大夫宫之奇说，虢国跟我们虞国是邻居，一旦虢国被灭，下一个被灭的就是我们。但是虞国国君贪财，不听忠告，就答应让晋军从他的领土通过。果不其然，晋军在灭掉虢国之后，回来的路上，就把虞国也灭了。

在马超看来，曹操名义上是去灭张鲁，实际上玩的也是这套把戏。所以他当机立断，去找了韩遂，联合西凉其他将领，一起抵抗曹操。

马超对韩遂说，曹操老谋深算，奸诈之极。他的手下也是这样。之前钟繇还给我写过密信，让我攻打你。他们的话不能再信了。现在是非常时期，我应该放弃我那远在许昌的父亲，而认您为父亲，您也应当放弃自己的儿子，以我为儿子。我们父子同心，才可以打败曹操。

韩遂被马超的真诚感动了。当时就同意联合起来对抗曹操，其他关中将领也都不谋而合。

于是，众人推举韩遂为都督，率领十万大军，屯守潼关和渭河，死死把守着曹操西进的关隘。由于西凉军是当时全天下最精锐的部队，所以曹操给夏侯渊和钟繇下达命令，让他们坚壁固守，等他亲自去攻打。

几个月之后，曹操把一切都安排妥当之后，亲率中原大军西征，与马超等西凉军在潼关关外对峙。曹操打算渡过渭河，马超得知消息后，就对韩遂说，曹军远道而来，粮草不继，我们只要在渭河的北岸据守不出，不到二十天，曹操大军的粮草就用完了。到时候，他们一定会不战自退。

但是韩遂没有采纳这个建议。韩遂觉得，曹军远道而来，肯定比较疲惫。他们如果渡河的话，就趁他们渡到一半的时候攻击他们，曹军一定会大败。

于是韩遂下令关中将领在河边巡逻，如果碰到曹军过河，就去攻击。

曹操得知马超的计策之后，感慨道："马儿不死，吾无葬地也。"

意思是，马超这小子要是不死，我就死无葬身之地。

因为马超这个坚壁清野的计策非常高明。试想，如果曹操大军渡过了渭河，后方的粮草就难以为继，只要西凉军坚守不出，用不了多久，曹军没有粮食，就不得不退军。哪怕在那个时候，出来追击都行。而按照韩遂"半渡而击"的策略，曹军渡河渡到一半，遭到了敌人攻击，又无法后退，一定会拼死杀到岸上，跟西凉军短兵相接。这时，西凉军的骑兵优势就荡然无存了。

果然，曹操派徐晃和朱灵率四千人从另一个渡口过河，自己则亲率大军从潼关北渡。徐晃过河后，马超派部下去攻击徐晃，被徐晃击败，徐晃就在河对岸安营扎寨。曹操渡河的时候，先头部队刚上岸，马超就带着上万骑兵杀了过来，曹军大乱，有的被骑兵冲击踩踏而死，有的被挤到河里淹死。曹操看到这种突发情况，还装着临危不乱的样子，躺在椅子上一动不动。眼看着马超就杀过来了，许褚和张郃赶紧把曹操带到一只小船上往回划。马超发现之后，沿着江岸一边追一边用弓箭射，箭如雨下。许褚一手划船，一手拿着马鞍挡箭。在这千钧一发之际，曹操的老乡、帐下的典军校尉丁斐想了一个好点子，他放出大量的牛马。西凉士兵一看到牛马，都去哄抢，无心应战，曹操这才逃过一劫。

经历这一战，曹操发现，马超不是可以轻易战胜的，潼关是不好攻破的。还得耍点阴招才行。

他忽然想到，韩遂似乎有点缺心眼，可以从韩遂那入手。

于是曹操使了一招离间计，让马超和韩遂互相残杀，曹操趁机大举进攻，打破了西凉主将们的联盟，马超逃回凉州，失去了对凉州的控制权。

曹操回到许昌，派人把住在邺城的马超的父亲马腾，弟弟马休、马铁，以及三族人二百余口，全部斩首。

马超得知家人遭难，痛哭流涕，发誓要报此血海深仇。他依靠羌族人的帮助，重新招兵买马，割据陇上，自称征西将军，统领凉州军马。

马超兵败的消息传到汉中，汉宁太守张鲁慌忙聚齐文武官员商议。张鲁原来是沛国人，是道教创始人张陵的孙子。张陵创立"五斗米教"，趁着天下饥荒的时候传教，告诉人们，只要信他的教，都给五斗米。

当时正值饥荒年代，五斗米虽然不多，但却可以救全家人的性命，所以很多灾民都跑来信教。先不管什么信仰不信仰，拿到五斗米填饱肚子再说。

于是，"五斗米教"很快风靡了整个汉中，几乎人人都信这个教。对于这种全民性质的信仰，朝廷也没办法，只好听之任之。

张陵死后，儿子张衡接任教主之位。张衡死后，张鲁接任。到了张鲁这里，经过几十年的发展，原本的宗教就变成了一股政治势力。张鲁把这些人分成等级。自己号称是"师君"，信众就是"鬼卒"，鬼卒的小头目就是"祭酒"，谁带领的鬼卒多，谁就是"治头大祭酒"。信众们如果有谁生病了，也不让他就医，只用巫术去治。让病人一个人在屋里静坐，面壁思过，然后派一个"奸令祭酒"在外面设坛，为病人祈祷。祈祷的办法就是写三封书信，上面写病人的名字和病人悔过之意，一封放到山顶，一封埋到地下，一封沉入水底。病人的病好了之后，就上交五斗米作为酬谢。

同时，张鲁又在汉中盖了许多义舍，里面备着柴米酒肉，过路人从这里经过，饿了就可以进去拿着吃，吃多少拿多少，类似于现在的自助餐。如果有人犯法，就先宽恕三次，三次以后再犯，绝不轻饶。

如此一来，整个汉中境内，虽然没有朝廷的官吏，却秩序井然。朝廷也没办法去围剿，就采取了变相招安的政策，任命张鲁为镇南中郎将、汉宁太守，让他按时进贡。

张松献益州

却说张鲁得知曹操破了马超，要来攻打汉中，就慌了神儿，赶忙聚众商议。一个谋士说，益州刘璋是我们的邻居，他懦弱无能，不如我们先把益州打下来。把益州和汉中连起来，就可以与曹操对抗了。

于是张鲁就准备起兵去攻打益州。

在面对强敌入侵的时候，张鲁没有想如何联合自己的邻居去抵御，而是想着去攻打比自己弱小的邻居，可见这人是个十足的小人，欺软怕硬。

消息传到益州，刘璋更害怕了，也赶忙召集文武大臣商量对策。益州别驾张松对刘璋说，主公不需要害怕，我有一条计策。现在曹操扫荡中原，天下无敌。我听说他早就有进攻汉中的打算。我现在以进贡之名，前去游说他，让他快速攻打汉中，到时候张鲁自保都来不及，就不敢打我们西川的主意了。

刘璋听了很高兴，就派人收拾了奇珍异宝，让张松带着去许昌进献给曹操。

事实上，张松此行是别有用意的。所谓"良臣择主而事"，如今天下大乱，刘璋是无能之辈，益州早晚都要被人夺去。他早就看不惯刘璋的无能，想换个主公。所以走的时候，张松把益州的地理形势图也带在了身边，准备趁机献给曹操。

结果到了许昌之后，曹操仗着自己实力雄厚，不把张松放在眼里，言语间非常蔑视张松。而张松又是个清高的性子，受不得一点气，就跟曹操顶撞。他完全忘了自己的使命是什么了，自己这一趟是来干什么的。

结果自然可想而知，他被曹操赶了出去。

从许昌出来以后，张松是越想越气，本来是打算把益州献给曹操的，没想到这个匹夫如此藐视我，自己卖主求荣却被人扇脸，回去也没法交差，真是羞愧交加，不知道该如何是好。

张松忽然想到，荆州刘玄德最近才打败曹操，士气正旺，而且那人一向礼贤下士，声名远播，不如从荆州那条路回，看能不能跟他有点交集，要是有缘，把益州献给他，说不定他还能把曹操给打败，为自己出口气。

于是，张松就命令驾车的马夫掉转马头，往荆州方向去。

刚进入荆州地界，就看到一队军马在路口等着，当头的是一员大将，身着软装。那大将来到张松车驾前，施礼道，您就是张别驾吗？

张松说，正是。

那人说，我是赵云，奉主公的命令来迎接你。

原来，张松出川的时候，刘备在荆州就得到信息了。诸葛亮当即就派间谍进许昌打探消息。得知张松被曹操逐出，诸葛亮料到张松就会来荆州，于是就提前安排赵云在此迎接。

随后，张松得到了刘备的高规格接见。刘备带着诸葛亮、庞统、关羽、张飞等最受器重的文武大臣，下阶相迎。原本，张松只是个过路的，又不是专程出使荆州，但却得到了刘备如此盛情的款待。对比一下在许昌曹操那里的遭遇，张松瞬间感觉是冰火两重天，对刘备感恩戴德。

刘备对于这类人的心理琢磨得很透，像张松这样的文士，孤傲清高，爱面子，你只要在礼节上给足了他面子，他就能为你卖命。所谓"士为知己者死"，是也。

张松在荆州一连住了三天，刘备每天都开宴席招待他，但却只字不提西川的事。三天后，张松告辞回川，刘备在十里长亭下摆酒为他钱行。席间刘备表现出一副依依不舍的模样，说了许多临别感言。张松心想，这么仁义的一个人，我不把益州献给他，还献给谁？再不说，就没机会了。

于是，张松对刘备说，皇叔，你身为东吴女婿，寄居在荆州，东边有孙权，北方有曹操，时刻都在盯着这个地方，此地不宜久留啊。

刘备说，我也知道啊。但是没有好的地方可以安身。

张松说，益州土地肥沃，百姓富足，地势险峻。如果能拿下益州作为根据地，光复汉室就指日可待了。

刘备说，刘璋也是汉室宗亲。而且他们世代在蜀中经营，恩泽深厚，恐怕不是外人能够动摇得了的。

张松说，我不是来卖主求荣的，实在是因为刘璋太无能，我又遇见了明主，所以不得不说心里话。现在的西川，人心离散，贤才之士都想有一个明主来主持大局。如果皇叔想要入川的话，我愿意为内应。

刘备说，恐怕天下人会骂我不仁不义，夺取同宗基业。

张松说，大丈夫处世，以建功立业为要务。就算皇叔不忍心夺益州，刘璋也守不住益州，一旦被别人夺走了，岂不是更可惜？

刘备点点头说，话是这样说。但是蜀道艰难，不易行军。如何攻取？

张松取出身边的地图，递给刘备说，我来的时候，就带了这张地图。上面画着西川的山川河流，西川的关隘渡口、府库钱粮、兵员布置，都记录得很清楚。希望皇叔尽快起兵。我和我的好友法正、孟达可以作为内应。

刘备接过地图，喜不自禁，对张松说，青山不老，绿水长流，他日如果大功告成，必有厚报。

张松说，我碰见明主，只求尽心，不求回报。

然后，张松就辞别了刘备。回到西川后，张松先找到法正和孟达，把

历史原来这么有趣·汉朝卷——仁义之君刘备

事情告诉了他俩，他俩都表示十分赞同。三人又密谋了许久，张松才去向刘璋报告出使的结果。

刘璋问，这次出使许昌，曹操是什么意思啊？

张松说，曹操实乃汉贼，想要吞并天下，且不说让他打张鲁，他还想打我们西川呢。

刘璋说，那怎么办？

张松说，我有个办法，让张鲁和曹操都不敢进犯西川。

刘璋说，什么办法？

张松说，荆州刘玄德与主公同是汉室宗亲，他仁慈宽厚，而且善于用兵，刚在赤壁之战中打败曹操，是曹操劲敌。如果我们派使者去跟刘玄德结盟，让他们当外援，曹操一定不敢再打西川的主意，更不用说张鲁了。

刘璋说，有道理。派谁去？

张松说，派法正与孟达去。

于是刘璋修书一封，派法正与孟达送往荆州。

据《三国志》记载，法正和孟达不是光带着一封信几个随从去的，而是带了四千士兵，拉了上千车财物去的荆州。

这些财物是干什么的？给刘备发工资的。

头脑简单的刘璋，以为按照张松的说法，就是请刘备给他当保镖。所以他准备了亿万财富，给刘备和刘备的军队发饷银。

而刘备，却磨刀霍霍，准备夺走他的基业。

法正与孟达到了荆州之后，刘备大喜，就聚众商议起兵的事。

诸葛亮说，荆州是紧要之地，必须派人驻守。

刘备说，军师，你和关云长、张翼德、赵子龙守荆州，我和庞士元、黄汉升及魏延取西川，你觉得怎样？

诸葛亮说，可以。

于是玄德下令，让诸葛亮总守荆州，关羽守襄阳，张飞巡守江岸，赵云守江陵。令黄忠为前部，魏延为后军，自己带着关平和刘封在中军，起兵两万余人，向西川进发。

孙权得知消息后，勃然大怒。因为之前他就有进军西川的打算，结果在征询刘备意见的时候被刘备给拦下了，现在刘备却动手了。当时便气得大骂，狡猾的奸贼，胆敢如此使诈！

但是骂不能解决问题，因为人家已经抢先下手了。这个时候他再起兵，也无济于事了。所以孙权只能骂几句而已。

但是孙权的部将们知道事情的真相后，都怒火中烧。尤其是鲁肃辖区内的一些东吴将领，虽然鲁肃是宽厚长者，但这些将军们可都是血性汉子，他们与关羽的辖区襄阳相临，经常就会搞出点小摩擦。每次都是鲁肃出来安抚他们。

因为借荆州给刘备，是鲁肃从中做的担保人，当时刘备许下的承诺就是，只要找到了立身之处，就把荆州还给东吴。现在刘备正在找新的地方，不算是违约，所以鲁肃只能把一切事情都担起来。

第六章 霸业所在 天府之国

不得不砸烂的仁义招牌

建安十六年（公元 211 年）十二月，刘备率大军进入益州。由于他名义上是来帮助刘璋的，所以沿路没有受到任何阻挠，反而受到了各级地方官员的热烈欢迎。大军一路上走哪吃哪，十分快活。

在涪城，刘备的大军停了下来。这里离益州的治所成都仅有三百多里的路程，按照事先的约定，刘璋会在这里与他会军。

果然，刘璋带着三万人马，浩浩荡荡地来了。双方见面，道声你好，握手拥抱，把酒言欢，皆大欢喜。

刘璋再次给刘备带来了厚礼：二十万斛米，上千匹好马，一千辆车。

对于刘备的到来，刘璋特别开心。因为一直以来，大家都瞧不起他，说他无能，但是现在闻名天下的刘皇叔都来为自己打仗了，实在是有面子极了。

两人会军后，先不提攻打汉中的事，整天在涪城喝酒，一连喝了三个多月。

请来两万多人马，什么事都不做，吃喝三个月，花费全算到刘璋头上。刘璋待客，实在是大方得很。

直到张鲁进犯葭萌关的消息传来，刘备才带着人马前去汉中。

到了葭萌关，刘备并没有继续前进，而是在当地停了下来，耍起他的强项：收买人心。

纵观刘备的一生，他最擅长的就是收买人心。从最开始的徐州牧，到后来驻守新野，包括占据荆州，每到一个地方，他都能很快使当地人心归顺。人们对于他的印象大致就是：这人有没有能力我不知道，但是这人很讲仁义。

其实，能让大多数人都认为自己很仁义，这本身就是一种能力。而且，在以暴力为尊的年代，这是一种最为独特的能力。

在收服人心的同时，刘备还在苦苦思索一个很重要的问题，就是怎么找一个正当的理由，得到益州。

前面说过，刘备行走江湖，所依靠的最大招牌就是"仁义"二字。这次入西川，他是被刘璋请来的。俗话说，"吃人家的嘴软，拿人家的手短"。刘备带着大军，在这里吃喝几个月，且又收了刘璋数以亿计的财物。吃完喝完也拿完了，却把人家的地盘夺了？这事他要是干出来了，那他这几十年打造的招牌就被自己砸了。

因为，他严重违背了仁义。

但是，益州又不能不取。不取益州的话，带两万多人马来干嘛来了？不取益州，怎么取天下？怎么兴复汉室？怎么实现自己小时候跟小伙伴们吹的牛？（吾为天子，当乘此车盖。）

这实在是难以取舍的一件事。

这个时候，军师庞统帮他解决了这个难题。

庞统不愧是与诸葛亮齐名的人物，他看穿了刘备的心思，知道刘备内心的矛盾点所在，"君忧臣死"，他就赶紧来解劝刘备。

事实上，刘备在入川之前，就已经多次表达过他的忧虑。他觉得，夺同宗的基业，是要被天下人耻笑的，是不仁义的。他甚至认为，自己之所以能有今天的地位，就是因为凡事都跟曹操反着来。

"今指与吾为水火者，曹操也，操以急，吾以宽；操以暴，吾以仁；操以谲，吾以忠；每与操反，事乃可成耳。今以小故而失信义于天下者，吾所不取也。"

当时，庞统是这么解答的："权变之时，固非一道所能定也。兼弱攻昧，五伯之事。逆取顺守，报之以义，事定之后，封以大国，何负于信？今日不取，终为人利耳。"

意思是啊，刘璋早晚都守不住益州，你不取，别人就取走了。还不如你先取了。等打完天下之后，再封一个大国给他，不就得了。谁还能说你背信弃义？

所谓英雄所见略同，对于这件事，诸葛亮、张松、法正，都是这个看法。他们甚至觉得，刘备根本不需要有这样的道德包袱。

但是事到临头，刘备还是有点扭扭捏捏。作为一个说仁义之言做仁义之事大半辈子的人，突然让他违背自己最重要的人生观，一时之间他还真是难以接受。而且不久前还在跟刘璋把酒言欢，坐在一起称兄道弟，转眼就带人攻打刘璋，这是很无耻的行径。

最重要的是，他连个稍微能安慰下自己的理由都找不到。因为刘璋对他实在是太好了，太够意思了。人总不能无故兴军吧，出师总得找个理由吧。哪怕是曹操，"挟天子以令诸侯"，都还要编个理由呢。他一个仁义之人，怎么可以没有任何理由就悍然发动战争？

正在他为此发愁眉头不展的时候，一阵来自东吴的春风，抚平了他的面容。

原来，曹操得知刘备进军西川，荆州只有一半兵力把守，便趁着孙刘防线出现漏洞的时候，纠集大军，再次下江南，准备报赤壁之仇。

曹操刚到濡须口，孙权就害怕了，赶紧写信给刘备，妹夫你快点回来，老贼又来了！我一个人扛不住！

刘备接到信之后，突发灵感，我可不可以拿这件事做文章呢？

于是，他就给刘璋写了一封信，说自己盟友孙权被攻击了，自己要回去救他。

其实，刘备这样做是很不地道的。因为刘璋现在也是刘备的盟友，而且不仅是盟友，甚至是他的雇主。他拿了人家的钱，事还没办，就要走，实在是无礼。

但是刘璋也拿他没办法，只能放他走。

刘备本来是想惹恼刘璋，逼着他先动手，自己还手，这样，就为自己减轻了很多道德压力。但是刘璋脾气太好了，居然没有发火。

这让刘备很是失望。

为了达到自己不可告人的目的，刘备再次刺激刘璋。他一反常态，做出了自己想都没想过的事：向刘璋要精兵三四万，粮十万斛。

拿人钱，不办事，去人家家里胡吃海喝几个月之后，拍拍屁股就走了。而且在临走的时候，还张嘴问人再要一大堆粮食和几万人马！！

这种卑鄙的事恐怕连曹操都没这么干过。

刘备自己也觉得太过分了。一边写信，一边扇自己的嘴巴。

但是，为了兴复汉室，为了黎民百姓，为了自己的理想与抱负，没办法，豁出去了，既然已经无耻了，就得把无耻进行到底。

结果，让刘备震惊的是，刘璋他居然答应了！

只不过，刘璋把刘备的要求减少了，几万军马减为四千，钱粮物资也只给一万斛粮食。毕竟，刘璋的钱也不是天上掉下来的，蜀中虽然物产丰富，老百姓虽然有钱，但就是收税也得有个过程啊。

刘备在西川已经待了快一年了，军队的所有开支都是刘璋提供的。这开销刘璋也真有点受不了。所以刘璋这次也不是故意少给刘备，而是真心拿不出来了。

这总算给了刘备一个出师的理由了。

刘备想要撤军的消息让张松知道了，张松以为刘备真的要走，就写密信劝刘备说，眼看大事马上就要成功了，怎么能走呢！

张松心里想的是，我已经叛变了，就等着你来做新主人了。你现在要是跑了，留下我在这当内贼，整天心惊胆战的，万一被刘璋发现了，我岂不是死定了？

张松自己做贼心虚，很心急，他不知道刘备的真实用意。

张松把信写好之后，正要派人送去。正好他哥哥张肃来了。张肃是广汉太守，是刘璋手下的高官。张松赶紧把信藏在了袖子里，且陪哥哥聊天。当天中午，张肃就没回去，张松派人准备酒席，招待哥哥。

席间，张松喝得有点晕乎，不慎把信掉在了地上，被张肃的随从捡走了。散席之后，随从把信交给了张肃。张肃打开一看，大吃一惊，原来弟弟暗地里勾结刘备，背叛刘璋！

张肃想来想去，害怕将来牵连到自己，就拿着信去向刘璋告密。刘璋得知实情后，大怒，把张松全家都给斩了。

刘璋这时才知道，原来刘备不是来帮他的，而是来害他的。于是赶紧给各个关隘的将领下命令，严防刘备的军队从关口过去。

刘备听说张松全家都被刘璋杀了，非常生气。又听说刘璋不让他过关，更是恼怒。但是，张松被杀，是他自己做事不周到，再加上他的确是背主忘恩，死得不冤，刘璋杀他杀的有理。

这件事，刘备没办法拿来做文章。他总不能对天下人说，我和张松密谋要取益州，结果张松被益州之主刘璋给杀了，所以我要兴兵为张松报仇。

他只能对自己的将士说，兄弟们，我们大老远的跑过来帮刘璋打仗（事实上一天没打），他却连军饷都不给（其实给的已经够多了），现在还要把着关口不让我们过去，希望大家能够齐心协力，杀出去！

至此，刘备终于可以向益州进军了。

早晚都得打

当初刚到涪城与刘璋会军的时候，庞统就劝过刘备，直接在宴会上把刘璋给杀了，益州就到手了。

刘备当时反对说，此乃大事，不可仓促。再说我们刚到益州，对于百姓们毫无威信和仁义可言，一旦杀了他们的主子，益州就会大乱。

这是刘备做事的风格，稳扎稳打，先得民心，再谋大事。

现在，刘备不得不起兵的时候，庞统又出了上中下三条计策。

上策是：选精兵昼夜兼程，奇袭成都。刘璋本人不会用兵，又来不及防备，各地军队也来不及增援，大军突然兵临城下，成都肯定即刻就被拿下，到时大事可定。

中策是：刘璋部下的名将杨怀、高沛，目前离我们最近，这俩人有勇有谋，曾经多次向刘璋建议把我们赶回荆州。不如我们就宣扬说要回荆州，他俩肯定会前来相送。我们就顺便把他俩抓了，然后率军过关口，进击成都。

下策是：退居白帝城，以荆州为根据地，慢慢地攻打益州。

刘备选了中策。

果然，不出庞统所料，刘备把自己准备撤回荆州的消息散发出去之后，杨怀和高沛就带了几个人来给他送行。刘备当机立断，把他俩抓起来杀了。

杨怀和高沛怎么也想不到，自己好心给刘备送行，却变成给自己送行了。

这是一次用生命完成的礼节。

杀了杨怀和高沛之后，刘备率军进入涪水关，攻取涪城，收服了杨怀和高沛的军队。兵不血刃，就取得了关口。

初战告捷，刘备很高兴，就奖赏三军，饮酒作乐。席间，刘备喝得晕晕乎乎，看见庞统在自己身边坐着，就满嘴酒气地说，今日之会，可谓乐矣。

庞统说，占领别人的土地而感到快乐，这不是仁义之师。（伐人之国而以为乐，非仁者之兵也。）

刘备大怒道，武王伐纣，也是唱唱跳跳的，难道不是仁义之师吗？你说得不对，赶紧给我离席！

庞统于是就站起身来走了出去。

过了没多久，刘备的酒醒了一些，想起刚才发生的事，心里有点后悔，因为这次能够顺利拿下涪水关，主要还是庞统这个军师的功劳。因此就派人把庞统请进来，坐在自己身边。庞统进来之后，谈笑自若，该吃吃该喝喝，好像什么事情都没有发生一样。

刘备问他道，刚才咱俩的谈话，谁有过错？

庞统说，咱俩都错了。（君臣俱失。）

刘备哈哈大笑，君臣之间冰释前嫌。

对于这件事，史学家裴松之有过一个很精准的论断。裴松之认为，袭击刘璋，是庞统的计策，这本来就是一件违背仁义道德的事，所以虽然成功了，但是庞统内心还是很愧疚的。然而刘备这样向来标榜自己仁义的人，却在以不正当手段谋取别人土地之后，得意而笑，这无疑又加重了庞统的愧疚心情。所以，当刘备问他的时候，他脱口而出他们不是仁义之师。从事情的本质上来说，他们的确不是仁义之师。庞统的话没有任何过错。刘备自比周武王，是没有道理可言的，因为刘璋并不是纣王，并没有搞得天怒人怨。但是他却被刘备呵斥了一顿。

刘备庆功酒喝完之后，便率军直入西川。刘璋派手下大将张任、邓贤、泠苞等人率五万大军前去抵挡，但都被刘备击破。打到绵竹的时候，刘璋派李严统领军队据守绵竹。刘备就派黄忠、魏延等人攻破绵竹，然后把成都外围的小城都一一占领了，到了雒城的时候被挡住了。刘备就写信让军师诸葛亮带着赵云、张飞从水路进川，逆流而上，留关羽一人守荆州。

诸葛亮、张飞等人一路攻城略地，很快就到达了江州（今天的重庆）。当时镇守江州的是巴郡太守严颜。严颜是一名老将，也是地道的蜀人。他对当时的形势看得很清楚。刘璋接引刘备入川的时候，他就痛心疾首地说刘璋是"独坐穷山，放虎自卫"。可见他早就料到会有这么一天。

老将严颜

张飞的军队到了江州城下，严颜奋勇抵抗，结果寡不敌众，最终被擒。被擒之后，张飞招降他，他说，但有断头将军，无降将军也。宁死不降。

按照《三国演义》的记载，张飞在抓到严颜之后，被严颜的忠义和勇气所感动，于是就把他给放了，还任他为将军。作为回报，严颜还替张飞招降了很多西川的守城将领，让张飞不费吹灰之力就得到了许多城池。

然而事实是，张飞虽然把严颜放了，但严颜并没有在张飞的军中做将领，更没有替张飞招降其他守将，而是隐居在家。一年以后，严颜在家中得知刘璋投降了刘备，感觉自己对不起这块土地，就自杀了。

他尽到了一个军人的职责，努力抵抗，决不投降。不背叛，不倒戈。

他尽到了一个臣子的本分，食君之禄，忠君之事。如若不能，唯死而已。

严颜死后，他的事迹被后人赞颂不已。他的名字，也和文天祥等人排在了一起，成为气节和忠义的象征。

老将严颜，万古流传。

凤雏遇难，卧龙进川

雒城是成都的屏障，战略位置非常重要，拿下它，成都就无险可守，如在囊中了。于是刘备便命令部队强攻，要不惜一切代价，尽快攻破城池。

刘璋自然也知道雒城的重要性，因此派自己的儿子刘循守雒城，并且给他配备了最能打的几个将军。众人看到主公的儿子亲自来守城，都表现得很积极努力。因此刘备的军队攻打了很久都没打下这个小城，士兵的士气都很低落。

为了鼓舞士气，军师庞统亲自上战场，率众攻城，结果被一支飞箭射中，当场身亡。时年三十六岁。

庞统的英年早逝让刘备悲恸不已。因为庞统是刘备帐下仅有的几个谋士之一，说完诸葛亮就要说到他，卧龙凤雏，一左一右，其重要性不言而喻。他死了，就相当于刘备少了一只胳膊。所以在后来的日子里，刘备跟人聊天，每次提到庞统，都禁不住掉眼泪。（言则流涕。）

为了表达对庞统的追思，刘备追赐庞统侯爵，封他为关内侯，谥号为靖侯。而且不仅是对奖赏死去的人，对于活人也格外优待。他拜庞统的父亲为谏议大夫，还让诸葛亮亲自去拜。庞统的儿子庞宏，也被封为高官。

好在当时诸葛亮已经进川，并且很快就到达雒城跟刘备会合了，因此庞统的死并没有影响大局，一切军务都由诸葛亮接手。

有了诸葛亮坐镇，再加上张飞、赵云这两员大将的加入，刘备的军力变得更强，雒城很快就被攻破。刘循逃回成都，向刘璋报信。

刘璋慌忙聚众商议。从事郑度献了一条计策，是"坚壁清野"之计。他对刘璋说，刘备虽然攻城略地，但是总共也就几万人马，而且远道而来，粮草不继，只能靠着在野外弄点粮食。百姓也都跟他不熟。不如把梓潼等地的百姓都迁徙到后方，再放火烧掉前方的谷仓和田里的庄稼，让他的军队去喝西北风去。我们就坚守成都，挖好深沟，加强城防，拒不出战。用不了多久，他的士兵没有粮食吃，就会不战自乱。到时候我们再出城攻击他，肯定能大获全胜。

这本是一条上上之策，因为对付那种不远千里去侵略别人的侵略军，最好的办法就是切断他们的补给。

但是刘璋不予采纳。因为他觉得，只有打败敌人来保境安民的，哪有迁走人民来防备敌人的。而且刘璋与刘备一样，对于百姓都是很仁义的，他不愿意惊扰百姓。

当然，郑度的计策也有漏洞，就是一旦真的实行"坚壁清野"的政策，成都境内涌入很多难民，压力就会很大。而且他对于这项计划的可行性没有做出调查。因为刘备的粮食来源不一定就会被切断。攻取那么多城池，完全可以从那些已经占领的地区获得粮食，以战养战，或者干脆从荆州调运粮草，沿水路送进蜀中。

益州太守董和说，我们可以请张鲁出兵。

刘璋说，张鲁跟我们是世仇，怎么可能会出兵相助？

董和说，此一时，彼一时也。虽然张鲁与我们有仇，但是现在刘备大军入川，唇亡则齿寒，如果益州被灭，汉中也不保。我以这里面的利害关系游说他，他肯定会出兵。

刘璋虽然不怎么相信，但是也没有别的好办法了，只好死马当成活马医，给张鲁写了一封信，派使者前往汉中求助。

刘璋的使者到了汉中，见到张鲁，张鲁拒绝出兵。于是刘璋又派自己的心腹大臣黄权再次出使。黄权对张鲁说，汉中和益州是彼此依存的关系，唇亡齿寒。如果益州被灭，汉中也岌岌可危。如果你肯出兵帮我们，我们将送给您二十个州作为酬谢。

张鲁一听要送给他地盘，眼睛立马就亮了。

他的手下阎圃劝他道，刘璋和我们是世仇，现在马上要灭亡了来请我们相助，许给我们的土地肯定有诈，不能去帮他们。

张鲁对他的话充耳不闻，只管把眼睛看着那些武将们，意思是，你们谁有本事帮我把二十个州打下来？

马超挺身而出说，我自从投降主公以来，还没有立下寸功以报答主公。我愿意带一支军队，把刘备生擒活捉，让刘璋割让二十州给您。

刘璋大喜，说，孟起出战，无往不利。然后就给了马超两万军马，让他去攻打刘备。

自从上次西凉联盟被曹操瓦解后，马超在凉州依靠羌族人和胡人的支持东山再起，又跟曹操对抗了一阵子，但最终还是被曹操击败，无处可去，只得投靠张鲁。张鲁得了马超，信心满满，以为自己向东可以抗拒曹操，向西可以吞并益州，对马超十分看重。

跟着马超一起来攻打刘备的，仅有他堂弟马岱和部下将军庞德。庞德当时生病，不能从军，只有马岱跟着马超。于是马超带着大军，来到葭萌关下，率众叩关。

葭萌关的守将是孟达和霍峻二人。两人军马很少，又敌不过马超的神勇，眼看葭萌关马上就要失守，孟达急忙写信给刘备求援。

刘备接到信后，大吃一惊。自己在前方打仗，后方却遭到袭击。马超的威名，他也听过。万一这小子一路打过来，把自己打下的益州给夺走，出现在自己背后，那自己就要腹背受敌了。

当初马超投奔张鲁的时候，张鲁看他英勇无敌，就打算把女儿嫁给他，请他做女婿。张鲁的大将杨柏说，马超的几任妻子都被杀死了，这都是马超连累的，主公怎么能把自己的女儿嫁给他呢？

张鲁心想，也对。就打消了这个念头。

马超听说这事之后，大怒，就对杨柏起了杀心。杨柏是个武将，原本也就嫉妒马超的才能，于是两人成了仇家。杨柏的哥哥杨松，也是张鲁的一个重臣，他们弟兄两个便联起手来对付马超。

诸葛亮从间谍那里得到了这个情报之后，就派人去贿赂杨松，让杨松在张鲁面前说马超的坏话。这是杨松本来就要干的事，现在还有人花钱请自己干，当然大喜。马上让人去散播马超的流言。

于是，没过几天，张鲁就听到了一个骇人听闻的消息：马超要谋反。

张鲁很紧张，因为手下没人是马超的对手。他也不去分辨传闻的真假，就赶紧下令,严防各个关口,禁止马超入关。同时又派人督促马超速速进军,打下葭萌关。

马超军中粮草渐渐短缺,派人去问张鲁要,张鲁不给,反倒还催他进军。想要入关,又被拦着。进退两难。

在这种情况下,刘备派与马超有过交往的李恢去当说客,分析了一下马超所处的困境,游说马超投降。

马超想了下,同意了。

刘备听说马超向他投降,高兴地说,这下我可以得到益州了。

他直接派使者带着军队去迎接马超,把军队的指挥权交给了马超。马超带着部队,直接到成都,驻扎在城北。

马超的到来给刘璋增加了很大的压力。因为马超的威名实在太大了,刘璋实在是找不到能跟他抗衡的将领。不到半月,城里的军民都崩溃了。

刘璋说,算了吧,投降吧。

益州太守董和说,城内还有三万多兵马,储存的粮草还足够一年使用,怎能不战而降?

刘璋说,我父子在益州二十多年,对老百姓没有一点恩德。打了三年仗,给他们带来那么多灾难,这都是我的罪过啊。我不忍心再看他们遭受兵火之苦。我也没有德行当他们的主人了。还是投降吧,免得百姓们受苦。

其实刘备也不想打仗,也不想给蜀中人民带来灾难。所以他也在致力于和平解决益州的归属问题。不管怎么说,刘璋对他都是有情有义的,他并不想看见刘璋死于非命。因此,他派了能说会道的简雍进成都劝降。

简雍坐着马车,来到成都城门下,喊开了城门,得意洋洋地进了成都。

见到刘璋之后,简雍用轻松的语言,不容置疑的语气,再三向刘璋表示,我们主公刘备是个仁义之主,绝对不会为难您,也不会亏待蜀中百姓的。如今大兵包围成都,您除了投降,真的别无选择了。

刘璋原本就打算投降,听简雍这么一说,就没有再犹豫,果断地带着印绶和文件等出城向刘备投降。

刘备慌忙迎接，泪流满面道，不是我不仁义要抢你的地盘，实在是形势逼迫，不得已啊。老兄你得理解我。

事已至此，刘璋也无话可说了。双方交接完毕，刘备率文武官员进入成都。

幽默的简雍

刘璋投降，简雍立了很大的功劳。说到这里，还要再说一下简雍这个人。

简雍是个非常幽默的人。幽默是一种艺术，是一种说话技巧。言语幽默的人，往往能让别人在开怀大笑的时候改变想法。有一个例子可以说明简雍的幽默是多么高超。

那是刘备得了西川之后的事情了。由于刘璋在位的时候，西川一直以来法律都太宽松，百姓们不服管，出了很多事情。所以刘备下了很多禁令，去规范他们的行为。有一年大旱，刘备下令，禁止饮酒，百姓家里如果有酿酒的器具，也属于犯罪。因为有了酿酒的器具就有可能酿酒。

治国之道，一张一弛。宽猛并济是好的。但是，太严格了也不好。比如禁酒这件事，刘备禁酒的用意是大旱天气，粮食收成肯定会减产，所以不能再用粮食来酿酒。这个出发点是好的，但是百姓家里有酿酒的酒具就算是犯法，这就太过于苛刻和不合理了。而且这还会导致下层官吏以此为借口盘剥百姓。

有一次，简雍和刘备一起出去游玩，路上碰见一对男女。简雍就对刘备说，他俩准备行淫，快把他俩抓起来。

刘备很惊讶，你怎么知道他们要做那种事呢？

简雍幽默地说，他们都有行淫的器具，就跟百姓家里都有酿酒的器具一样。

刘备听了哈哈大笑，就废除了那条法令。

由于简雍在说服刘璋投降这件事上立了大功，使刘备不费吹灰之力就得到了成都，使很多士兵和百姓免于战乱之苦，因此刘备在论功行赏的时候，把他封为昭德将军，待遇仅次于糜竺，在蜀汉文官集团中，排在前三名，比诸葛亮的位次都要高。

封赏是个技术活

终于，连打带吓的，刘备如愿以偿得到了益州。从公元 210 年入川，到 212 年得到成都，总计共花费三年时间。

这一年，刘备五十一岁，诸葛亮三十一岁。四年前，刘备三顾茅庐，诸葛亮给他订下了夺取荆州和益州的计划，四年内，他都做到了。

虽说荆州是借来的，跟东吴还有很大的纠纷，但是就目前来讲，总算还是自己的地盘。荆州和益州连在一起，足以抗衡曹操和孙权任何一方势力了。

三足鼎立的局面，已然形成。当初制定的计划，基本实现。

刘备很开心。小时候的梦想，可以说已经实现了一半了。

坐在厅堂里最高的那个位置上，刘备俯视着下面的文武百官，想到这些豪杰才俊，都是为自己干活的，不禁感慨万千。

忽然，他意识到自己还没有给这些功臣们论功行赏。

这可是一件大事。他赶紧传下命令，统计众将的战功，一一封赏。文臣的功劳，斟酌商讨之后再行封赏。

武将们的战功，都很好统计。谁打赢了几场仗，夺了几个城池，都是有数的。但是文官就不一样了。尤其是这些谋士们，出谋划策的时候，你一言，我一语，实在难以量化，最后计策成功了，也没办法将功劳归功到某个人身上。

因此，刘备对文官的封赏主要就分为两个方面，一是平时的受重用程度，二是以抚慰蜀中旧有的官员为主。

毕竟，益州是自己抢来的。这些投降的蜀中官员，有自愿投降的，也有不情愿而被迫投降的。有的人在刘璋手下就是高官，如果这次安排的位置低了，难免会心生怨恨，留下隐患。

而这些人世代都在益州，家族关系错综复杂，一个个都是当地望族，有强大的本土势力。如董和、黄权、李严等都是刘璋的高官，吴壹、费观等人跟刘璋还是亲家，他们在益州上层社会的影响力都不容小觑，一定要笼络好。

考虑到这些情况，刘备无一例外地，统统给他们高官做。

经过周详的考虑，刘备下令封严颜为前将军，法正为蜀郡太守，董和为掌军中郎将，庞义为营中司马，刘巴为左将军，黄权为右将军。其余吴懿、费观、彭羕、卓膺、李严、吴兰、雷铜、李恢、张翼、秦宓、谯周、吕义、霍峻、邓芝、杨洪、周群、费祎、费诗、孟达等文武投降官员共六十余人，全部封赏。

其中原来的蜀郡太守许靖，在董卓时期就是尚书郎，后来流落到蜀中，在蜀中名气很大。这次刘备围成都，他以年迈之身，跑出城来投降，结果腿脚太慢，又被刘璋的人抓了回去。刘备对他的人品嗤之以鼻，不打算封他任何官职。但是诸葛亮和法正纷纷站出来表示，许靖这人一定得用，再讨厌也要用。因为他的名气实在太大，如果弃之不用，蜀中其他士大夫就会觉得我们不能重用贤才。

刘备听从了诸葛亮和法正的建议，让许靖做了左将军长史。这个官职相当于刘备的秘书长。

另外一个人品差的是法正。法正在刘备入川的过程中功劳最大，因此被封为蜀郡太守。法正以前在刘璋手下是个小官，现在跟着刘备扬眉吐气了，手里就权了，就把以前看不起自己的、得罪自己的、和自己吵过架的人，统统报复了一遍，有的抓到牢里，有的杀害了。

有人向诸葛亮反映这种情况，说，法正睚眦必报，先生得管一管他。

诸葛亮说，以前主公在荆州的时候，北面害怕曹操，东边害怕孙权，现在法孝直帮助主公入川，让主公像鹰一样得以翱翔，无人再能威胁到他，可谓是功莫大焉。现在他得志了，就随便他做点称心的事吧。

诸葛亮的话传到了法正耳朵里，法正有感于诸葛亮的理解和大度，就收敛了许多。

蜀中原有的官员都封了官，自己的老部下当然更不能亏待。

诸葛亮、关羽、张飞这三人每人赏赐黄金五百斤、银千斤、钱五千万、锦千匹。关羽代理荆州牧；张飞任巴西太守，防御张鲁；诸葛亮升为军师将军，兼任左将军府事；马超为平西将军，都亭侯；赵云、黄忠、魏延都升为将军。糜竺、简雍、孙乾等几个很早就跟随刘备的人，也都得到了升迁。

至于士兵们，有功的升官，没有功劳有苦劳的就给赏钱。刘备打算把成都的田产宅邸都赐给将士们，但是遭到了赵云的反对。赵云说，益州人民遭受战火达三年之久，田产宅邸都被洗劫一空。现在应该归还他们，让他们安居乐业，才能使人心归附，对今后治理益州也有好处。

刘备一听，原来赵云比我还要仁义，就非常高兴，重赏了赵云，并且把抢来的田产财物都还给百姓。

文武官员都行了赏，封了官，各安其位，接下来就该制定具体的法律了。

在这件事上，法正和诸葛亮起了争执。

法正的意见是，益州人民遭受几年战火的摧残，早已疲惫不堪，不能再用严酷的法律去管制他们。当年汉高祖进关中，与秦地的人民"约法三章"，结果老百姓都对他感恩戴德。现在主公进了益州，且一向又是仁义之主，更要制定宽松的法律，以安慰民心。

诸葛亮反对道，你只知其一，不知其二。当年高祖与秦地的百姓"约法三章"，用宽松的法令，是因为秦朝暴虐导致民怨沸腾，所以高祖反其道而行之，以得民心。现在益州的情况跟高祖在关中时可不一样。益州在刘璋的统治下，道德早已失去了约束力，百姓对于法律没有畏惧感，官府也没有威严。所以渐渐地百姓不知感恩，也不遵法纪。我们就是要改变这种现状，制定严格的法律，行善必赏，作恶必罚，恩威并施，这样才能把益州给治理好。

法正听了诸葛亮这一番话，被诸葛亮深深折服。

于是，在诸葛亮的主导下，法正、李严、刘巴等人，制定出一套切实可行合乎现状的法典，用以治理益州。

赏了百官和将士，制定了约束人民的法律，接下来要做的，就是稳定大后方，步步为营，逐个击败其他对手。

不想还荆州

放眼天下，从黄巾起义开始的诸多割据诸侯，除了刘备，目前就只剩下北方的曹操、南方的孙权和汉中的张鲁。

这三者中，曹操的势力依然是最强大的。虽然他在赤壁之战中大败，但是之后他又击败了西凉军，得到了关中之地。几乎长江以北的所有土地，都被他控制了起来。包括长江边的襄阳和樊城，也在他的领地之内。

他地盘最广，百姓最多，军马最强壮，政治上最有优势。文武之才济济一堂，实在是华夏大地上最有实力的统治者。

这样的对手，只能放到最后去打。

东南的孙权，六郡八十一州，经过父子几代人的经营，士民归顺，也不是轻易能够打下来的。而且，刘备又是人家的女婿，两家是联盟关系，不可图之。

所以，只能把矛头对准汉中的张鲁了。

当然，刘备大军在分析天下大势的时候，其他势力也没闲着。曹操没闲着，孙权也没闲着。他们也都有着强大的智囊团，在时刻关注着形势的变化。刘备知道汉中张鲁是第一目标，曹操也这么认为。

而且，曹操不仅把想法停留在脑子里，还很快付诸行动。没等刘备向张鲁下手，曹操的大军就从凉州打过来了。

真是说曹操，曹操到。曹操的速度，就是快啊。

不光是曹操的速度快，孙权的反应也很快。他听闻刘备已经拿下了益州，就忽然想到，这小舅子不是还欠我荆州没还吗？问他要去！

于是，正在成都感叹曹操速度快的刘备，接到了孙权讨要荆州的书信。

这次东吴派出的使者不是一个普通的信使，而是东吴的老臣，诸葛亮的哥哥诸葛瑾。孙权派诸葛瑾去是有用意的。因为他知道荆州不好要，所以希望刘备看着诸葛亮的面子上，尽快把荆州归还。

但是刘备明显是不会还荆州的。因为刘备觉得当年打荆州，自己也出力很多，所以拥有荆州几个郡天经地义，而且就算自己是借的，吃进去的东西，那还能吐出来吗？荆州的地理位置对他来讲相当重要，他正要把荆州和益州连为一片，做成一个大的根据地。往北可以抗拒曹操，往东可以跟孙权对抗，再也不夹在他们中间受窝囊气了。

基于刘备的这些考虑，我们有理由认为，不管是谁的大哥来，就算是孙权本人要亲自来，刘备也是不会将荆州归还的。

果然，刘备宴请了诸葛瑾，找诸葛亮作陪，席间觥筹交错，三杯酒下肚之后，刘备慢条斯理地对诸葛瑾说，回去告诉你们主公，等我拿下凉州，就把荆州还给你们。

刘备说这话的时候，诸葛亮在旁边也帮着他说。诸葛瑾看弟弟不帮他，没办法，只好回去把话带给孙权。孙权听了大怒道，凉州如今已经是曹操的地盘了，他刘备有什么能力把凉州打下来？这不是要赖吗？

孙权发完火，心想跟刘备这种人已经没什么好话可以说了。既然来文的不行，那就武力解决吧！

于是，孙权派吕蒙率军夺了长沙、零陵、贵阳三郡。

孙权出兵强夺三郡的消息传到了蜀中，刘备大怒，点齐五万人马，即刻开赴公安与关羽会合。然后让关羽起兵三万到益阳，准备教训抢他地盘的吕蒙。

这一下，可把孙权给吓住了。

孙权完全没想到刘备的反应和动静会这么大，一下子就来了八万人。这个出兵规模，在整个三国历史里，都是数得着的。赤壁之战那么大场面，双方加起来也才十几万人。刘备日后被传得天下皆知的"猇亭之战"中，也才派了四万多人，而非《三国演义》中所说的"连营七百里"，"七十余万人"。总的来说，这是刘备行军生涯里，出兵人数最多的一次了。

孙权赶紧命令鲁肃带一万人，赶到益阳牵制关羽，同时又让吕蒙迅速回援。双方部队集结在益阳。

眼看大战一触即发，鲁肃心想，当年是他做了担保人，把荆州借给了刘备，现在刘备赖账不还，还要妄动刀兵，说起来都是自己惹的麻烦，解铃还需系铃人，还应该自己去斡旋解决才是。

究竟是谁单刀赴会

于是，在两军对阵之时，鲁肃便派人给关羽传话，说两人不带人马，只带随从，到阵前百步远的地方再谈一谈。

鲁肃的部将害怕鲁肃被关羽劫走，不让鲁肃去。

鲁肃说，今天的事，最好是能够和平解决。现在是刘备对不起我们，不是我们有负于他，放心，关羽绝对不会对我下手。

说完，慨然前往。

到了约定地点后，关羽拿着大刀也到了。

鲁肃看见关羽，毫不惧怕，一上来就责备道，当初我们东吴借荆州给你们，是看你们被曹操追得逃来逃去没有立锥之地，结果你们得到了益州之后，还不肯归还荆州。只要三个郡，你们居然都不答应。你们怎么能这么背信弃义！

关羽说，赤壁之战时，乌林之役那一战，我们主公身先士卒，亲自上战场杀敌，难道一点功劳就没有？一块土地都不能分？

鲁肃说，话不是这样说。当年你家主公刘豫州被曹军追得落荒而逃，连安身立命之处都没有，一心想着活命，根本没想着地盘的事。后来是我们东吴借给你们荆州，主公吴侯又把妹子嫁给你家主公，你们才得以安身。现在刘豫州赖账不还，得了益州，还想兼并我家荆州，这事让平常百姓知道了都不能忍，何况我们东吴是荆州的领主。我们作为臣子的，应该以忠义辅佐君主，现在豫州贪图人家的土地，背信弃义，你不去向他进谏，反而顺应着他，早晚都有大祸。再说了，当初是我做主借给你们荆州，现在你们不还，反而兴兵，你让我怎么回去见我家主公？

一席话，说得关羽哑口无言。

关羽的一个随从看到自己这边理亏了，就率而对曰，土地嘛，有德者居之，没有绝对的归属权！

鲁肃听了，怒声呵斥那人。

关羽拿着大刀，对那人说，这是国家大事，你一个小卒子，哪有你说话的份儿？还不赶紧走？

那个随从就狼狈地退回去了。

鲁肃看关羽并没有退让的意思，也没有和平解决的念头，就愤愤然回到了阵上。通知士兵，准备作战。

这次由鲁肃发起的会谈，被罗贯中先生移花接木，安在了关羽的头上，为关羽树立了一个英勇无敌的形象，而把鲁肃描画成一个瑟瑟发抖的胆小鬼。

这是不符合历史真相的。真实的鲁肃，虽然武艺没有关羽高，但勇气、谋略并不亚于关羽。否则，也不会被孙权任命为东吴的都督，负责整个东吴的军事。

暂时的协议

正在这千钧一发之际，来自成都的使者骑马飞快地冲进了刘备大营，告诉刘备一个天大的消息，曹操已经击败张鲁，占领了汉中。

汉中是益州的北大门，汉中被曹操占领，意味着强盗已经站在了家门口，意味着宿敌就拿着利剑站在自己的床榻前，这个消息对于刘备来说，是致命的。

因此刘备听到消息的那一瞬间，就吓出一身冷汗。

最重要的是，刘备此次出川，带了五万川军，益州本土所留下的军队很少，如果他不尽快撤回去防守，以曹操的用兵水平，估计用不了多久，就把益州给打下来了。

所以，刘备也顾不上在荆州耀武扬威耍赖皮了，当即就跟诸葛亮等人商量出一个方案，割还长沙、桂阳、江夏三个郡给孙权，然后极速率军回益州。

这一次，刘备和东吴达成了最终协议，关于荆州的问题，此后不再争执，这次是彻底解决，各占三郡。两家谁都不要再提这件事，精诚团结，一心一意对抗曹操。

对于这个协议，刘备还是比较满意的，因为按照当初他在赤壁之战中所付出的劳动，这三个郡的收获不算小，甚至可以说是高额工资。

当然，他原本是想把六个郡都霸占的。但是现在老窝面临着被端掉的危险，所以也没时间想这么多了。只要能跟东吴联合好，让东吴牵制住曹操，自己就可以继续发展。失去三个郡，还可以从别的地方弥补回来。

刘备满意了，孙权自然就不满意。作为赤壁之战中主要的作战方，他付出了最多的牺牲，但却只得到了一半的土地，而且另外一半还是被刘备这个连地盘都没有的无赖给霸占的。这就相当于孙权手拿利刃去跟老虎搏斗，刘备只是在旁边起个干扰作用，最后孙权费尽力气把老虎打死了，依据公平公正的原则，孙权的意思就是，给刘备一根老虎腿尝尝就不错了。刘备却想和他平分了整只老虎。

要是搁以前，孙权直接就打完老虎，再把刘备打一顿。

但是现在不行了。因为今天的刘备，已经不是三年前的刘备了。今天的刘备，手握八万大军，雄赳赳地站在自己面前，旁若无人。早没了当年被曹操追得走投无路时的那副狼狈模样。

悔不该，当初借给他荆州啊。这个白眼狼，如果不借荆州给他，他就没有发展地盘的机会，他就拿不下益州。没有益州，他哪敢这么嚣张啊。

孙权气得只想打自己的嘴巴。但是也只好把这口恶气忍下，等以后有机会再出。

刘备率大军回益州的时候，关羽前来为他送行。自从刘备去取益州开始，兄弟俩已经三年没见了。三年内，两人都变化良多。

刘备，已年过半百，鬓角的白发又多了几根。关羽，胡子又长了一截儿，年纪也渐渐大了，越发显得成熟威武。

与此同时，两人都在事业上有了很大的发展。

刘备拿下益州，成了益州之主，有了可以夺天下的实力。

关羽独自守荆州，俨然是一位诸侯王，也有了独当一面的能力。

兄弟俩，都在随着时间的推移而提高自己的能力。

昔日在涿郡共同构建的梦想，眼看着就要实现了。

想到这里，刘备和关羽少了一些感触，多了一些慷慨，两人接连痛饮了几杯。再努力几年，待到打完天下，我们兄弟共享富贵，再也不分开了！

刘备没想到，这是他最后一次见到关羽，最后一次跟关羽喝酒。

临行前，刘备婆婆妈妈地说了很多话，再三地嘱咐关羽，要他保重自己。关羽也都一一答应下来。

然后，刘备告辞上马，大军回川。

在刘备率大军去跟东吴争夺荆州的时候，曹操以迅雷不及掩耳之势灭掉了张鲁。按照谋士们的建议，曹操打算乘势攻下益州。

这的确是一个千古良机。因为刘备打下益州没多久，民心不稳，根基不牢固，何况现在刘备还把主力部队都带出益州了，这个时候如果大举进攻益州，益州军民肯定会闻风丧胆，望风而降。根本不需要一座座城池挨个打，只要打下几座大城，剩下的就会投降。

但是没想到，刘备回援的速度这么快。曹操正准备实施计划的时候，刘备就已经到了江州（现在的重庆）。重庆离成都并不远。

只要刘备到了成都，稳住了民心，曹操的计划就会宣告破产。

果然，刘备又以飞快的行军速度到了成都。当时的成都一片混乱，什么谣言都有，百姓惶恐不安，每天都要被惊吓几十次。刘备下令斩杀了一些主张投降和散布谣言的人，局势才渐渐稳定下来。

曹操得知刘备已经回到成都，知道最好的进攻机会已经失去了。于是就放弃了对益州的进攻计划。

曹操撤退了，刘备就该前进了。

黄忠大战定军山

建安二十三年（公元218年），刘备率大军进攻汉中。

这一次，他带了自己所有的精兵猛将。五虎将中除了关羽外，剩下的四个人张飞、马超、赵云、黄忠全部出征。

刘备之所以这么大张旗鼓，是因为敌人的实力实在是不容小觑。

第六章　霸业所在　天府之国

曹操撤回许昌的时候，让夏侯渊留下来镇守汉中。夏侯渊是曹操帐下特别能打的一个将军，从曹操当年陈留起事的时候，就开始跟着曹操南征北战，立下了汗马功劳。他最擅长的就是打闪电战。

同时镇守汉中的还有猛将张郃和徐晃。这俩人论武力值，在三国里面都是数得上的。尤其是张郃，有勇有谋，堪与张飞相比。

这些人物都不是能轻易对付的。

而且，汉中的地理环境跟蜀地差不多，都是易守难攻，险峻无比。很多地方都是只有一个狭小的通道可以过人，一块石头几乎就可以堵住出口。所谓"一夫当关万夫莫开"一点儿都不夸张，行军的部队往往会在这里遭到埋伏，从而全军覆没。

从益州去往汉中的一个重要的关隘，是阳平关。这个关口由夏侯渊亲自把守，张郃和徐晃在益州与汉中的分界线旁边来回巡逻，游动支援。刘备亲率大军攻打阳平关，结果损兵折将，花了很长时间都没攻下来。

刘备很生气，亲自上前线，冒着箭雨指挥士兵攻关。将士们都劝他退后，他大怒不退。

但是这也没有解决问题。虽然士气被激发了，关口还在曹军手里。

刘备于是给远在成都的诸葛亮写信，让他筹集军队，增援前线。

诸葛亮一生谨慎行事，觉得主公带着所有的精兵猛将都去了，却连一个阳平关都拿不下来，说明得到汉中的可能性极小。既然如此，不如撤回来发展几年，再去攻打。

但是同事杨洪的一席话让诸葛亮改变了主意。杨洪说，汉中是益州的北大门，如果汉中被曹操占领，就相当于曹操想什么时候来打益州，就能什么时候来，益州从此不得安宁。所以，要想保住益州，必须不惜一切代价，拿下汉中。如今主公在前线浴血奋战，益州人民应当男人参战，女人运粮草，众志成城，支援主公。

诸葛亮立即忙活起来，动员群众。

阳平关如此难攻，让刘备始料不及。战斗持续了将近一年的时间了，却没有任何进展。

而与此同时，曹操正率援军向这里赶来。他写信让夏侯渊一定要坚守阳平关，等着他到了再说。曹操的信给夏侯渊施加了压力，他守城就更用心了。刘备为此苦恼不已。

善于奇谋的法正打开了地图，对刘备说，在阳平关的侧面有一座高峰，是定军山，不如我们渡过汉水，到定军山上，可以俯视夏侯渊的整个营寨。到时候，再寻找机会，击破他。

刘备采纳了法正的建议。于是大军渡过汉水，来到定军山上。夏侯渊看到刘备居高临下，就把防御方向扭转到侧面。

刘备站在定军山的半山腰处，看着下面夏侯渊的营寨，对将士们发表了一通讲话，然后在当天晚上就冲下山去，杀向夏侯渊的营寨。

夏侯渊措手不及，被黄忠斩于马下。

夏侯渊一死，曹军大乱，刘备开心地说，曹公虽来，无能为也，汉中必定为我所得。

定军山一战，为刘备夺取汉中奠定了基础。虽然阳平关依然没有拿下，但曹操失去了主动权。而且曹军损失一员大将，士气低落，不敢再战。

赵子龙一身是胆

曹操大军到了之后，因为是远征，带了很多粮食。黄忠和赵云便相约去劫粮。到了那天早上，赵云左等右等也没看到黄忠，于是着急了，就带了几十骑出去找人。结果一下子碰到了曹操的大军。

按照平常人的反应，这个时候肯定是掉头就跑。但是赵云不愧是身经百战的英雄，对于战场上的情况极其熟悉，他知道，如果这个时候策马狂奔，就是示弱，曹军看到他们逃了，知道他们在害怕，一定会追上来。以几万大军追几十个人，那肯定是眨眼就将他们杀掉了。如果他们不逃的话，曹军反而会怀疑他们是诱饵，旁边有埋伏，所以，赵云命令那几十骑人马，不要慌张，要放松，悠闲地往回走。

果然，曹军发现这几十个人居然不害怕他们，心里就疑惑起来，觉得这肯定又是诸葛亮的诡计，在旁边设伏。所以就没敢往前追，只派了一队骑兵去追。赵云把骑兵杀退，且战且退，打一会儿停一会儿，一直到过了汉水，到了自己营寨前。

守寨的将士们看见曹操大军来了，慌忙要关寨门。赵云说，怕什么？不知道我当年长坂坡纵横无敌？把寨门打开！

曹军一路跟着赵云过了汉水，到了赵云的营寨前，看着寨门大开，心里仍旧是疑惑，逡巡不敢进。

正在犹豫间，忽然，从寨门中射出飞蝗一般多的箭，那箭速度之快，密度之高，好像是埋伏了几万名弓箭手。

事实上，是赵云采用了诸葛亮所发明的连弩。一次性可以连发十支箭。所以，一两千个士兵就可以达到几万弓箭手才能达到的效果。

曹军看到这么多箭向他们飞来，心想，果然有埋伏，不等曹操下令，第一反应就是往后撤退。要知道，在战场上，有序的撤退和无序的撤退完全是两个概念。有序的撤退，跟有序的前进是没什么区别的。但是无序的撤退，就是一场实实在在的灾难。这就如同在人群密集的场合发生了突发情况，人们像无头苍蝇一样乱跑，所造成的后果就是踩踏事故。曹军就是这样，看到无数箭矢飞来之后，都想逃命，一窝蜂地往后退，结果就自相踩踏，有的骑兵往回跑，一路上不知道踩死了多少人。后边赵子龙又趁机率部追击，一直追到汉水边，许多曹军来不及渡水，就被自己人推到河里淹死了。

这一战，曹军死伤不计其数，士气更是一蹶不振。刘备听说后前来犒军，顺便察看了地形，不禁称赞道："子龙一身都是胆也！"

至于那天黄忠到底去哪了，史书上没有交代。但应该是趁着曹操大军倾巢而出，劫粮成功。

黄忠定军山一战和赵云这一战，彻底打垮了曹操守汉中的决心。曹操只好撤回许昌。从他来汉中到现在，不足两个月。他撤退之后，其他防线全面崩溃，刘备的川军一路高奏凯歌，一直打到陈仓，基本占领了整个汉中。

果然应了刘备的预言："曹公虽来，无能为也。"

在夺得汉中这一军事计划中，立功最大的，当属赵云和黄忠。

刘备打下汉中，地盘再一次扩大。

第七章　登基称帝　痛失关羽

不得不称王

此时的刘备，拥有益州、汉中和荆州的三个郡，人生达到巅峰。势力足以跟曹操和孙权抗衡，谁想灭掉谁，都不是轻易能办到的。他如果再往关中和凉州扩张，势必遭到曹操的殊死反抗，如果往荆州扩张，也必然引发大的战事。

看来一时半会儿，不适宜打仗了。只好休息一阵子，等形势发生变化了再说。

趁着休息的时间，刘备打算把自己的政治地位再提高一下。

作为神州大地的三大巨头之一，刘备的实力已经有了显著提高，但官位才是个左将军，这实在是有些不称。按照现在这个规模，称王应该是没什么问题的。他曹操不就已经称了"魏王"吗？为啥他可以，我不能？

当然，按照《三国演义》的记载，这称王的念头，不是刘备自己想出来或说出来的，而是大臣相逼，而且大臣们起初还不是让他称王，而是称帝。

诸葛亮率先对刘备说，现在曹操专权，主公仁义远播于天下，应该即皇帝位，讨国贼。

刘备说，万万不可。我虽然是帝室之胄，但只是汉的臣子，如果我称了帝，就不是兴复汉室，而是反汉了。

诸葛亮说，主公为了避嫌，不肯称帝，但是众人跟着你出生入死，就是为了富贵，现在有了这么大地盘，却不称帝，恐怕众人会寒心。

刘备说，你们逼我僭越帝位，我誓死不从。

诸葛亮说，那我们各退一步，你就称了汉中王，这样众人也有个盼头。

刘备无奈，只好答应。

但是，这事又不能让刘备自己来说，必须是别人推着他，带点强迫的意思，才可以向天下人交代。以免社会舆论说他是狼子野心。

所以，刘备的文武官员就先给皇帝上了一封奏表。这封奏表的中心思想就是：骂曹操，捧刘备。曹操是国贼，刘备是忠臣。国贼已经称王，忠臣当然更要称王，以讨国贼。

这封奏表很长，奏表的开头是上言人的名单：平西将军都亭侯臣马超、左将军领长史镇军将军臣许靖、营司马臣庞羲、议曹从事中郎军议中郎将臣射援、军师将军臣诸葛亮、荡寇将军汉寿亭侯臣关羽、征虏将军新亭侯臣张飞、征西将军臣黄忠、镇远将军臣赖恭、扬武将军臣法正、兴业将军臣李严等一百二十人。

从名单的排名上来看，马超排在第一位，而诸葛亮、关羽、张飞等人却排在后面，说明给皇帝上表的时候，是按正统的官衔排顺序的。在刘备阵营里面，马超的官衔最高，几乎赶上了刘备，所以排在第一位。而赵云虽然勇武不下于马超，立的功劳也不比马超小，却排在了后面。

当然，以汉献帝现在的处境，几乎没有可能看到这封奏表。因为它不可避免地会落到曹操手里。所以，这封以骂曹操为主旨的奏表，其实是写给曹操看的，更是写给天下人看的。

建安二十四年秋，刘备在沔阳登坛，南面而坐，群臣在下面依次排列，许靖和法正给他呈上汉中王的衣服帽子以及玺绶，然后百官齐声朝贺，一齐拜他为汉中王。当时就立刘禅为世子，许靖为太傅，法正为尚书令，诸葛亮为军师，关羽、张飞、马超、赵云、黄忠为"五虎将"，魏延为都督，总领汉中事务。其他官员如最早跟随刘备的孙乾、糜竺、简雍等人，都加官晋爵。

称王之后，刘备自己也给献帝上言，再次强调了自己称王对于除掉曹

历史原来这么有趣·汉朝卷——仁义之君刘备

操的重要性和正当性。这两封书信都到了曹操手里，气得曹操破口大骂，打算即刻兴兵去跟刘备一决雌雄。

曹操手下的谋士司马懿就阻拦说，刘备如今不是轻易能够打败的。况且他还跟东吴孙权是同盟关系，但是彼此貌合神离，并非铁板一块。刘备曾经借东吴的荆州不还，东吴对其恨之入骨。不如派使者去跟孙权联络，破坏孙刘联盟，让孙权进攻荆州，刘备必然引川军来反击，等到他们两败俱伤的时候，我们再出兵。

曹操觉得这个建议不错，就派满宠去东吴游说孙权。

满宠到了江东，见到孙权，就呈上曹操的书信，对孙权说，我们魏、吴两家，向来都没有矛盾，都是因为刘备才产生了矛盾。魏王派我来跟将军说，如果将军攻打荆州，魏王去打益州和汉中，前后夹击，灭掉刘备之后，共分土地。

孙权看了曹操的书信，招待了满宠，送满宠去驿馆休息，然后聚起群臣商议。

顾雍说，虽然满宠是说客，但说的也有理。我们应该作些准备。

诸葛瑾说，我听说关羽有个女儿，不如我到荆州向他替主公世子求婚，顺便与他商议共同破曹操的大计。如果他不愿意，我们就帮曹操打荆州。

于是孙权就派诸葛瑾前往荆州，向关羽表达来意。结果关羽大怒道，我的虎女怎会嫁他的犬子？快滚！

关羽大怒是有原因的，因为孙权就是个爱玩政治联姻的人。上次他把妹子嫁给刘备，却趁着刘备在西川的时候，派人暗地里把妹子接回东吴，想借机打荆州，后来没有得逞。这次又来跟关羽联姻。如果关羽把女儿嫁到他家，一旦有什么战事发生，关羽的女儿就成了人质了。关羽识破了他的伎俩，自然很鄙视他。

诸葛瑾回去之后，把关羽的原话带给了孙权，孙权听了大怒道，我好歹是东吴之主，我的儿子配不上你女儿？

随后便和群臣商议打荆州。

步骘说，曹操想篡汉自立，囊括天下，就害怕刘备和主公。现在让主公去打荆州，是想把祸水引到江东，主公不要中了他的奸计。

孙权说，话是如此说，但我自己也很早就想打荆州了。

步骘说，现在曹仁守着襄阳、樊城，离荆州很近，曹操不派他去，却让我们去打荆州，可见曹操用心不良。不如派使者告诉曹操，让他先教曹仁出兵，关羽必然起荆州大军去破曹仁，我们就趁机在后面袭取荆州。

孙权听了步骘的计策，派使者去通知曹操。

魏、吴两家的阴谋被刘备的间谍知道了，间谍就传信回成都。刘备刚刚称王，得知消息后，大惊失色。诸葛亮说，主公不必惊慌。正好我们要派使者去给云长封爵，顺便就告诉他这个事，让他先起兵取樊城，灭掉曹仁，东吴和曹魏就自然害怕了。

于是刘备就派司马费诗前往荆州。

关云长刮骨疗毒

不可否认的是，关羽的确是一个猛人。

关羽的胳膊曾经在战场上中过箭，治好后，每逢阴雨天，胳膊就隐隐作痛。于是就派人找医生。医生来了之后，察看关羽的胳膊后，说，箭头有毒，毒已经进到了骨头里面，必须把胳膊割开，刮骨去毒，病才能除根。

关羽听了，便命人置酒席款待医生，众将都来喝酒。关羽就在席间，把胳膊伸出来，一边喝酒，一边让医生给他刮骨。医生拿刀把关羽的皮肉划开，看到骨头已经发青，就用刀刮骨，悉悉有声，血流到下面的盆子里，流了半盆。众将都大惊失色，不敢正眼去看，关羽却举杯畅饮，谈笑自若。

这就是著名的"关云长刮骨疗毒"。

根据《三国演义》所言，给关羽刮骨疗毒的是汉末名医华佗。而正史《三国志》却没有明确说明这个医生是谁。按照常理去推断，在当时那个落后的医疗条件下，能够进行这种高级外科手术的，有这种胆识和医术的医生，肯定是少之又少。而关羽又是名震天下的将军，雄霸一方，所找的医生也肯定是名医，与他的地位是匹配的。因此我们大胆推测，当时给关羽刮骨疗毒的，正是《三国演义》里所说的名医华佗。

由此可见，中医这门学科，在我国古代就达到了一个很高的水平。

不过，一个人有优点，也必然有缺点。关羽的优点是很明显的，就是勇猛，武艺高强。而他的缺点，却正是从优点上长出来的。凡事都要有个度，过犹不及，猛过头了，就不好了。

关羽的致命弱点

关羽听说汉中王的使者到了，亲自出城迎接。到了正厅坐下，关羽问费诗，汉中王封我什么官？

费诗说，五虎大将之首。

关羽说，哪五虎将？

费诗说，关、张、赵、马、黄五人。

关羽大怒道，翼德，是我弟弟；孟起，出身世家；子龙，很早就跟着我哥哥，也算我们兄弟之一；黄忠是谁？怎敢跟我们并列？我才不跟老将一起受封。

费诗知道关羽这脾气，心里面早有应对的言语。当即笑了笑，对关羽说，将军，这就是你的不对了。当年高祖起兵，萧何、曹参是高祖同乡，关系最亲密，但是高祖却封韩信为王，地位在萧何、曹参之上，却没听说这两位有什么抱怨的。现在汉中王虽然封了五虎将，但将军跟汉中王结为兄弟，汉中王就是你，你就是汉中王，你应当休戚与共，为汉中王分忧，而不是计较名位的高低。

关羽听了，如醍醐灌顶，恍然大悟。

从这件事来看，关羽的傲气掩盖了他的眼球，迷惑了他的大脑。因为黄忠也是在为自己的大哥做事，做得越好，立的功劳越大，对于大哥来说就会越有利，对他自己也是好事。而且黄忠虽然年纪大，六十多岁，但自从跟了他大哥，就一直身先士卒，骁勇善战。尤其是夺取益州和汉中，定军山斩杀夏侯渊，打跑曹操，都是莫大的功劳。换作他人，自家阵营里出现这样的人才，高兴都来不及，怎么可能去排挤。而关羽却因为黄忠年纪大，就不屑于跟人家并列，这实在是太狂妄愚蠢了。

关羽狂妄是有资本的，因为他勇武盖世，万夫莫敌。他曾温酒斩华雄，破阵斩颜良。他独当一面守荆州，无人敢犯。

但是，狂妄会坏事，会使人失去理智。狂妄的人，大多会为此付出极大的代价。

关羽最终丧命，就是死于狂妄。

曾几何时，刘备刚得益州的时候，关羽听说马超投降了刘备，就写信给诸葛亮，问道，马超的武艺怎样？能跟谁相比？我想入川跟他比试比试。

诸葛亮看到信之后，心想如果关羽入川，荆州谁来守？就写信回道："孟起兼资文武，雄烈过人，一世之杰，黥、彭之徒，当与益德并驱争先，犹未及髯之绝伦逸群也。"

意思是，马超勇猛过人，乃当世之豪杰，但是他就跟当年的黥布、彭越一样，可以跟张飞并列，还比不上你关羽的绝伦超群。

关羽胡子长，人称"美髯公"，所以诸葛亮说他是"髯"。

关羽看了军师的回信，得意地将了将自己的长胡子，然后把信给在座的宾客传阅了一遍。

从这件事又可以看出，关羽好虚名，容易因小失大。

费诗按照礼制给关羽封了爵位，然后又把吴、魏密谋，准备联手夺荆州的事情告诉了关羽，并颁布汉中王的旨令，要关羽即刻出征取樊城。

关羽领旨，即刻祭旗，传令军队集结，浩浩荡荡杀向樊城。

当晚睡在营帐内，关羽做了一个怪梦，梦见自己的一头黑色的大猪，奔到营帐内，来咬他的左脚。他慌忙拿剑去砍，一下子惊醒了。奇怪的是，左脚真的开始疼起来。关羽心里有点发慌，觉得这不是啥好兆头，赶紧把关平找过来，把梦境说了一遍。

关平说，父亲不用害怕，猪也是龙，龙到了脚上，有腾飞的意象。

关羽听了儿子的话，心里稍稍有些安慰，但是脚还在痛，就把众多官员都叫到大帐里，把梦境给他们讲述一遍，众人有说好的，有说坏的，议论纷纷。关羽于是慨然道，我已经快六十岁了，就算是死了，也没什么大不了的！

正说的时候，汉中王的使者又到了，拜关羽为前将军，总督荆襄九郡。众人都拜贺道，可见梦境是好事了。于是关羽不再疑惑，坦然地率军直奔樊城。

庞德抬棺死战

襄阳与樊城是军事重镇，自从十一年前刘表之子刘琮投降了曹操，这两座城池就一直在曹操手里。曹操是个深谋远虑的军事家，对于这样的城池，自然是无比重视。他让自己的弟弟曹仁在此镇守。

曹仁是一代名将，有勇有谋。但是跟关羽比起来，自然还要差几个档次。所以关羽大军到了之后，第一战，就把襄阳给攻下来了。曹仁赶紧跑到樊城，固守不出。

关羽这次对襄阳和樊城是志在必得。因为打下这两座城，就可以把荆州和益州连起来，对于汉中王的事业极有帮助，功莫大焉。

但是他同时也很担心荆州的安危。因为他全军出动，荆州无人能守。一旦东吴在背后偷袭，荆州就丢了。对此，他采取的策略是，在汉江沿岸，每隔二十里或三十里，就修筑一个烽火台，每个烽火台派遣五十名士兵把守。一旦发现吴军渡江，白天就放狼烟，晚上就举火。关羽就会亲自去打退敌兵。

后方安排停当，关羽便竭力攻打樊城。樊城与襄阳一江之隔，城池高大，不易攻取。而且曹仁坚守不出，关羽也拿他没办法。

曹仁一边守城，一边向曹操求救。

曹操接到曹仁的求救信，就把众将都招到面前，不假思索地指着于禁说，你可以去支援曹仁。

于禁说，请求主公再派个人给我做先锋。

曹操问，众将谁敢做先锋？

一人应声而出，说，末将愿往。

曹操一看，是庞德。

庞德原本是马超的部下，曹操攻打凉州的时候，庞德有病，没有跟随马超出征。后来马超军被打散，马超逃到汉中投降了张鲁，庞德来不及跑，就被曹操俘虏了。

曹操早就听说庞德的大名，知道庞德是一员虎将，就厚待他。庞德有感于曹操的恩情，就投降了曹操。因为投降至今，没有立过一点儿功劳，庞德心里有点歉疚，所以这次才跳出来做先锋。

当时曹操看到庞德主动要求做先锋，大喜道，庞令明做先锋，关云长这下遇到敌手了。便给了庞德先锋大印，让他随于禁出征。

到了晚上，于禁手下的两名将校董衡和董超找到了于禁，说，将军这次率领北方最精壮的军队，打算一举击败关羽，立大功劳，但为什么要用庞德这样误事的人做先锋呢？

于禁听了大惊道，庞德怎么误事了？

两人回道，庞德原本是马超的副将，现在马超就在刘备手下，庞德的哥哥庞柔也在益州做官。现在将军要去跟关羽打仗，让庞德去做先锋，岂不是火上浇油？

于禁听了，恍然大悟，连夜去找曹操。曹操听他说了原因，就把庞德喊来，让庞德交出先锋印。

庞德大惊道，我正要为主公上阵杀敌，为何不用我了？

曹操说，我自己是没什么意见的。但是现在马超在西川，你兄长也在西川，众将都怀疑你的忠心。

庞德听了，就跪在地上磕头，把头都磕流血了，说，当初我在家乡的时候，跟哥哥住在一起，嫂子不贤，我把嫂子杀了，哥哥恨我入骨，我俩已经有不共戴天之仇了。我的旧主马超，有勇无谋，孤身逃到川蜀，我跟他已经恩断义绝了。我自从投降了主公，还没有立功报答主公的恩德，怎么会对主公不忠心呢？乞求主公明察。

这一番话，把曹操说得感动起来。于是曹操就把庞德搀起来，说，我知道你忠义，你不负我，我必不负你。

庞德回家后，就命人造了一口棺材，请众多亲友来他家赴宴。众人到了堂内，看到一口棺材，都大为惊奇。庞德举着酒杯，对众人解释道，我此次出征去跟关羽决战，要么是他杀了我，要么是我杀了他。就算他不杀我，我也要自杀，以报答魏王的恩情。我作为先锋，死在战场上，是应该的。这口棺材，就用来放我的尸体。

说完，庞德把妻子李氏和儿子庞会叫来，说，我死后，你好好抚养儿子。儿子有异相，将来肯定能为我复仇。

然后，大军出发，庞德令人抬着棺材，走在队伍的最前列。史称"抬棺死战"。

关云长水淹七军

于禁所带的七军到了樊城，关羽正率众攻城。听说庞德抬着棺材来与他决战，大怒，一边令廖化攻城，一边亲自来与庞德决战。两人交手几次，不分胜负，各回营寨。

关羽得知于禁把大军都屯在樊城北十里处的山谷中，就问手下的军士，那山谷叫什么名字。士兵回答道，罾口川。

罾，就是渔网的意思。

关羽听了，大喜道，于禁肯定要被我抓住了。

士兵问是何原因。

关羽说，鱼进了罾口，还能跑得了吗？

当时正是八月秋天，忽然下起了秋雨，连绵数日，襄江水暴涨。关羽命人提前准备船只雨具，并且派人堵住襄江上游其他水口，到了夜间，突然决堤，乘船随大水而下。于禁的七军被淹，因为没有船只，只好随波逐流，被淹死的士兵不计其数。

于禁和庞德逃到山包上，关羽率军乘船而来，将山包重重包围。于禁投降，庞德杀了一阵之后，夺得一个小船，准备向樊城逃窜，结果被周仓活捉。

由于庞德誓死不降，关羽只好斩了他，成全他的忠义。（注：庞德临行前说他儿子长有异相，会给他报仇。果然，后来庞德被关羽斩首，庞德的儿子庞会随着魏军破蜀进入成都，杀了关羽全族。）

前来增援樊城的曹军，全军覆没。

关羽水淹七军后，乘胜去打樊城。当时樊城也被大水泡了一半，但曹仁不愧是擅长打防守战的人，当年守江陵，硬是让周瑜打了一年才撤退。如今守樊城，也让关羽大伤脑筋。关羽本想趁着刚刚灭掉于禁七军的威风和樊城城墙被淹的有利条件，一举把樊城拿下。但是打了很久，樊城依然没有拿下。

关羽水淹七军，活捉于禁，斩杀庞德，天下震惊。消息传到许昌，曹操大惊道，云长果然勇武非凡，倘若他率军长驱直入，来打许都，如何拒之？我打算迁都避其锋芒。

司马懿说，主公多虑了。于禁兵败，是被水淹，不是因为兵弱无力，他的失败对于国家根基来说没有影响。现在关羽得了襄阳，孙权肯定不高兴，我们可以让孙权从背后偷袭关羽，关羽必然回军去保荆州，这样樊城就解围了。

曹操听从司马懿的计策，一边派使者到东吴，一边命令徐晃率大军再次增援樊城。

孙权接到了曹操的书信，就召集文武大臣商议取荆州，最后这任务落到了吕蒙身上。

吕蒙的计策

吕蒙，字子明，汉末名将。吕蒙出身很低，家里非常穷，靠着在战场上厮杀成为东吴的重要将领。江东人士对他有一个很亲昵的称呼：吴下阿蒙。

吕蒙从小就没受过什么教育，字都不识几个，因此当了将军之后，也不爱读书。有一次，孙权对他说，光武帝刘秀行军打仗的时候，还一直读书，手不释卷。你也应该发奋读书。

吕蒙听了，开始勤勉自学，从此大有长进。

周瑜死后，鲁肃接任东吴的都督。鲁肃是儒将，他觉得吕蒙是一介武夫，没什么谋略，所以就有点看不起。有人对鲁肃说，吕蒙现在变了很多，你应该跟他聊聊。鲁肃路过吕蒙驻地的时候，就去拜访了吕蒙。结果吕蒙侃侃而谈，分析当下形势，头头是道。鲁肃大惊道，你不是昔日那个吴下阿蒙了。

吕蒙说，士别三日，当刮目相看。您知道得太晚了。

吕蒙这个人对三国历史有着很大的影响，不在于他贡献了两个成语，而是他设计杀死了关羽。

当时吕蒙领了任务之后，就派人去查看关羽的荆州防线，探子报告说沿江有很多烽火台，荆州的军马也防守得当，吕蒙心里就开始焦急起来。心想自己在孙权面前逞能要立功，现在敌人防线毫无破绽，该如何是好？思来想去，苦无良策。

正在愁闷之时，陆逊给他出了一个主意。陆逊说，关羽一向狂傲，现在又水淹七军，更觉得自己无敌。他唯一担心的就是将军你在陆口驻守，会威胁到荆州。将军不如称病隐退，让主公派一个年轻的将领来驻守。关羽得知后，肯定不加防备。到时候我们再以奇兵突袭荆州，可一战而得。

吕蒙大喜，就给孙权上表，说自己病重，要回去养病。暗地里却把计划告诉了孙权。孙权就派陆逊来驻守陆口。陆逊到了之后，派使者给关羽送信，信的内容盛赞关羽的勇武，言辞非常谦卑。关羽听说孙权把吕蒙调走，换来一个乳臭未干的小子，便十分轻视。待到看了书信，更是得意洋洋。

吴国使者走后，关羽就派人把荆州的防守军队抽调一部分来围樊城。吕蒙得知消息大喜，当即就行动起来。整顿军马，准备船只。

目前来讲，夺取荆州最大的障碍是沿江那些烽火台，因为一旦东吴水军出动，烽火台就会报警，关羽立马就会过来支援，计划就败露了。所以，最主要的就是悄无声息地把烽火台全部拿下。

对此，吕蒙想到了一个妙计。他选了一批精兵，都穿上白衣，扮成是商人。船底藏着士兵，然后划船去对岸。遇到烽火台守军盘问，他们就回答说是客商，并且从船上搬出礼物送给守军。守军收了礼物，就不管了，任凭他们停泊在岸边。到了晚上，伏兵尽出，把烽火台的守军都绑住了。然后吕蒙就诱惑这些守军，让他们骗开城门，大军直入公安。

而此时，关羽还在樊城外面进攻曹仁，对于荆州所发生的事情，全然不知。

荆州丢了

当时的公安和南郡，分别由傅士仁和糜芳把守。糜芳是糜竺的亲弟弟，兄弟俩很早就跟了刘备，是刘备的老部下了。尤其是糜竺，当年曾经散尽家财资助刘备，在刘备集团里地位甚高。

傅士仁，《三国志》里记载是"士仁"，《资治通鉴》里记载是"傅士仁"。鉴于历史上从未有姓"士"的，我们采取"傅士仁"这个名字。

糜芳和傅士仁这两人，一向都跟关羽不和。因为关羽镇守荆州，傲气冲天，对其他将领非常蔑视，动不动就喜欢打击别人，而糜芳和傅士仁正是被打击的对象。

于是，这两人心里就藏了恨。这次关羽出征，让他俩在后方提供粮草，他俩就故意拖延，从中作梗。关羽大怒道，这两匹夫，我回去一定饶不了他们。（还当治之。）

关羽的恐吓让糜芳和傅士仁非常害怕，因为他们了解关羽的脾气，关羽只要说了回来跟他们算账，就一定会算账。

于是，他俩就向吕蒙投降了，并且也说服了江陵的守军投降。吕蒙兵不血刃，得到了荆州三郡。

关羽得知荆州被偷袭了，更是气不打一处来，立即下令大军南下去夺回荆州。

其实，这个时候的关羽，处境是很危险的。因为曹军从北方来，吴军刚刚得了荆州从南方来，关羽腹背受敌，首先考虑的应该是如何摆脱这个不利局面，而不是夺回城池。

但是，以关羽的性格和脾气，他是不管这么多的，他心里满满的都是怒气：吕蒙这个鼠辈，胆敢趁我不备偷袭我大本营！我一定要把他捉住碎尸万段，让他知道我关羽不是浪得虚名。

俗话说，性格决定命运。正是关羽这种事事不肯低头的性格，导致了他最后兵败身亡。如果他这个时候审时度势，挥兵入川，组织川兵再来夺荆州，未必有很大的胜算但最起码不会败走麦城。

当然，关羽是荆州之主，刘备让他守荆州，他把荆州丢了，觉得没脸去见刘备，因而不选择去西川，这也是人之常情。

但最根本的原因，还是关羽认为自己天下无敌，魏国和东吴那点人马，根本不被他放在眼里。

于是，他就带着他那四五万人马，放弃樊城，往荆州方向杀去。

妇人之仁害死人

依据常理，以关羽的武艺和手下如此多的兵马，纵使不胜，也起码能保得住性命，不至于一败涂地。但是按照《三国志》记载，关羽却是迅速地被击败了。

"权已据江陵，尽虏羽士众妻子，羽军遂散。权遣将逆击羽，斩羽及子平于临沮。"

原因是，关羽犯了一个致命的错误，而他之所以会犯这种错，归根结底还是因为他的性格：善待卒伍。

那是在大军南下的路上，关羽一边派人去向益州求救，一边担心地对押粮官赵累说，现在前有吴军，后有魏军，如果救兵不到，怎么办？

赵累说，当初我们跟东吴联盟抗曹，现在东吴却帮助曹操袭击我们，是他们违约在先。我们何不写信去质问？

于是关羽就派了个使者去见吕蒙。

使者到了荆州，发现荆州一切如故。原来，吕蒙在占领荆州之后，便下命令，凡是跟着关公出征的将士们的家属，吴军一律不得打扰，按月给粮食，免费治病。因此这些人对吴军都很感激。

听说关公的使者来了，那些家属们都纷纷去询问自己父亲、兄弟、儿子的状况，还让使者捎带家书和口信。

这其实是吕蒙的奸计，借关公使者的口，告诉关公的将士们，你们家人都在我手里，都活得好好的。

由此，关羽的士兵战斗意志很快瓦解，许多士兵都偷偷地逃回了家里。

关羽本来是可以阻止这件事的，他完全可以命令使者不许给将士们带家书，也不准他透露看到的一切。对于交战状态下的士兵们来说，这样的手段是必要的。

但是，关羽没有这样做，他还是在为士兵们着想，认为他们应该知道自己家里的情况。

于是，几天之后，关羽发现，自己的几万大军所剩无几了。

妇人之仁害死人啊。

麦城外的英魂

这时，他不敢再南下了，他打算逃出吴、魏的包围圈。

手里有兵的时候，还可以一战。手里没兵的时候，就只能逃。

但是，一切都晚了，来不及了。吕蒙早就安排好陷阱，就等着他往里面跳了。他一路走，一路打，边打边退，路越走越远，身边的人却越来越少。

终于，在麦城，他走到了路的尽头。

麦城，位于当阳东南方。当年他大哥刘备被曹操追赶的时候，也是从襄阳和樊城往江边跑，也经过了当阳。那一年，子龙单枪匹马在这里纵横自如，杀得曹军胆战心惊。那一年，翼德横刀立马在当阳桥上，以一人之勇就吓得曹操大军逡巡不前。

那一年，他们都还很年轻。而现在，却都已白发苍苍。

五十六岁的关羽，想着往事，勇则勇矣，却无心再战，只知道催动赤兔马狂奔，想找个歇息的地方。

几千吴军围住了他。

当躯体停止活动的时候，灵魂才得以安息。

建安二十四年末（公元 219 年），关羽在麦城突围的时候，被吴军将领潘璋的部将马忠抓获。次年，被孙权下令斩于临沮，享年五十六岁。

关羽死后，因为他一生的忠义勇武而成为后人的信仰，民间多称之为"关帝爷"或者"关二爷"，各地都建有关帝庙，四时祭祀，香火不断。在当阳县玉泉山上，有一座关帝庙。后人在上面题了一副对联，最能概括关羽的一生：

赤面秉赤心，骑赤兔追风，驰驱时，无忘赤帝；

青灯观青史，仗青龙偃月，隐微处，不愧青天。

历代统治者为了鼓励臣子奖赏忠义，也多次给他追封，因而关羽"侯而王，王而帝，帝而圣，圣而天"，地位越来越高。刘禅曾追谥他为"壮缪侯"，宋徽宗时，封他为"忠惠公"，到清光绪帝的时候，关羽的封号就变成"忠义神武灵佑仁勇威显护国保民精诚绥靖翊赞宣德关圣大帝"这么长了。

古往今来，除了圣人孔子，只有他一个人，能够得到历代统治者如此推崇。

这是他在后世所享受的荣光。而在当时，却是另一副模样。

据说孙权当时不想杀他，想把他招安，用来对付刘备和曹操。

当然，孙权这样想完全是异想天开。

一个大臣对孙权说，当年曹操得到关羽之后，封侯赐爵，三天一小宴，五天一大宴，最终还是留不住关羽。以至于后来被关羽逼得差点迁都。主公今日不杀关羽，不仅不能收服他，反而会成为祸患。

于是，孙权就把关羽杀了。

关羽死后，孙权为了让刘备知道，关羽之死曹操也有份儿，不是他一个人干的，就把关羽的头用一个盒子盛着，派使者送给了曹操。曹操知道这是孙权嫁祸之计，就给关羽雕了一个香木的身子，用王侯之礼厚葬在洛阳。

历史原来这么有趣·汉朝卷——仁义之君刘备

第八章　英雄末路　白帝托孤

刘备的痛苦

作为刘备帐下的第一名将、刘备的结义兄弟，关羽的遇害给刘备政权和刘备本人带来的打击是无法想象的。在刘备打天下的过程中，关羽是唯一一个单独出来开辟阵地的人，可见刘备对他的信任程度之深，早已越过了普通的君臣关系。

所以，可想而知，当关羽遇害的消息传到成都的时候，刘备的心情会如何。

正史里，对刘备的具体表现并没有什么刻画。《三国志·先主传》里，只说了句"先主忿孙权之袭关羽，欲东征"，而《三国演义》里面对刘备的伤心欲绝描画得非常细致，说刘备第一次听到关羽被害的消息时，"大叫一声，昏绝于地"。之后又"一日哭绝三五次，三日水浆不进，只是痛哭，泪湿衣襟，斑斑成血"。

罗贯中的这些描写，虽然是文学家的修饰，但并没有夸张。因为刘备与关羽兄弟情深，当年相约将来共享富贵，风风雨雨一块儿打天下。现在眼看着已经有了三分之一天下了，关羽却死了，刘备定是心如刀割。在《三国志》正史里，作者没法对这些细节一一描述，而《三国演义》的作者，却可以发挥他文学家的本事，把这些细节呈现到后人面前，让人从中体会到刘备痛失爱弟的心情。

而且，刘备在心痛的同时，心里还很愧疚。因为关羽被吴魏两国围困的时候，他并没有派援兵去。

但是，这事说起来并不怪他。因为当时关羽是主动出击进攻樊城，而且还水淹七军，取得了很大的战绩，如果不是东吴在背后偷袭，关羽不可能会失败。而东吴原本跟他们是联盟关系，什么时候背地里跟曹操勾搭上了，刘备也不知道。

而且，从关羽水淹七军获得巨大胜利开始，到他兵败身死，不足一个月的时间。这种败亡速度是谁也料想不到的。以关羽的英武和他手下的几万荆州将士，单方面跟曹军作战，不敢说绝对获胜，但足以自保。如果不是孙权在背后耍阴招，捅了关羽一刀，关羽怎么可能会死？

所以，千错万错，都是孙权的错。刘备一想到这个大舅子，就恨得咬牙切齿。

此仇不报，非君子也！非大丈夫也！

但是，在报仇之前，还有一件大事要做，那就是称帝。

之前刘备的大臣们劝他称帝，他不同意，最后称了个汉中王。原因是他并非不想称帝，而是时机不到。那个时候，天子还在，他称帝就是篡汉，是僭越，违背了他的终生理想。

而现在，这个顾虑被消除了，因为天子被废了。

奸雄的末日

作为汉朝最后一个皇帝，汉献帝可谓是惶惶不可终日。自从当年被董卓立为皇帝之后，献帝就从来没过过一天安稳日子。他总是被一大群兵士裹挟着，从东卷到西，从南带到北。

说起来是皇帝，其实就是一件奇货可居的商品，是一面用来号召天下的旗帜。当皇帝的那些日子里，汉献帝从来没有觉得自己是皇帝，因为他没自由，不自主，干什么事都有人管。

最开始被董卓管了几年，后来被曹操管了几十年。

名义上，普天之下莫非王土，自己想住哪就住哪，但事实上，曹操让他住许都，他就得在许都。曹操让他在邺城，他就必须去邺城。

名义上，率土之滨莫非王臣，天下是大汉的天下，是他的天下。但事实上，百官臣僚，全是曹操的人，压根不听他的号令。

所以，汉献帝是一个名存实亡的皇帝。

但是，纵然如此，曹操还是尊他为皇帝，捧着他，因为曹操本人没有称帝的志向，或者说，作为一个纵横天下几十年的枭雄，他不需要皇帝那样的虚位和虚名。

他很清楚，一旦自己废帝自立，天下人的口水立马就会喷过来，人人骂他为国贼，他不想担这个骂名。

所以，当孙权写信称臣，让他自立为帝的时候，他哈哈大笑说，这小子是想把我搁到火炉上呀。（是儿欲踞吾着炉火上邪！）

大臣们也劝他当皇帝。他的回答是：若天命在吾，吾为周文王矣。

意思是，就算是汉朝的皇帝没有德行，老天要汉朝灭亡，我也不做这事。改朝换代的事，还是交给我儿子来做吧。

于是，在他的维持下，汉朝的国祚得以延续，又多了几十年。

但是在关羽死后不到一个月的时间里，曹操也死了。这位不可一世的奸雄，因病去世，结束了自己六十六年的生命。

据《世说新语》记载，曹操的病是他从汉中回到洛阳之后染上的。当时洛阳的宫殿里面闹鬼，曹操夜里睡不安生，就下令造新的宫殿。濯龙祠外面有一棵大梨树，甚是粗大，工匠们想去把它砍倒做宫殿的大梁。结果一斧头下去，树干就往外面冒血。工匠们很害怕，就报告了曹操。曹操不信，亲自到场用剑砍那棵大梨树，结果真出了血。曹操觉得这事不吉利，回去后就生了病。

事实上，曹操一直有头风病。当年曾经找华佗来医治。华佗说，这病是个慢性病，需要长时间治疗。曹操性急，华佗回家后，曹操多次派人去请，华佗都以妻子有病为理由推却了。曹操大怒，派人去抓华佗，说，如果真的是他妻子病了，赏给他四十斛小豆。如果是骗我的，就把他关到牢里去。于是华佗就被关到了牢里。

荀彧劝道，华佗是当世神医，能救无数人性命，还是放了算了。

曹操说，这鼠辈，本来可以一下子治好我的病，偏偏养病自重，我就算不杀他，他也不会治好我。

于是，华佗就死在了牢里。

华佗临死前，把自己的医书《青囊书》交给狱吏说，这书可以救人命。狱吏不敢收，华佗就把书烧掉了。

现在，曹操也死了。这个杀了无数人的大魔头，也终于尝到了死的滋味。

这个在中国历史上有重大影响的人物，在死后，遭到了无数人的唾骂和非议，但也受到很多人的称赞和褒扬。骂他的人，说他残暴奸诈；夸他的人，说他文武兼备。

但不管骂也好，赞也好，历史长河大浪淘沙，风流总被雨打风吹去。再厉害的人也敌不过时间。

观曹操一生，他扫黄巾，伐董卓，灭袁绍，杀吕布，统一北方，挟天子以令诸侯，纵横天下几十年，足以当英雄之名。

他曾傲然地说，设使天下无有孤，不知当几人称帝，几人称王！

这话虽然傲气，却不是夸张。他的确是三国那段历史里，最有才能的军事家和政治家，没有之一。

后人写有一篇《邺中歌》，感叹曹操的一生。

邺则邺城水漳水，定有异人从此起，

雄谋韵事与文心，君臣兄弟而父子；

英雄未有俗胸中，出没岂随人眼底？

功首罪魁非两人，遗臭流芳本一身；

文章有神霸有气，岂能苟尔化为群？

横流筑台距太行，气与理势相低昂；

安有斯人不作逆，小不为霸大不王？

霸王降作儿女鸣，无可奈何中不平；

向帐明知非有益，分香未可谓无情。

呜呼！古人作事无巨细，寂寞豪华皆有意；

书生轻议冢中人，冢中笑尔书生气。

为了大汉而称帝

曹操一死，他儿子曹丕就迫不及待地把汉献帝废了，自立为帝。

听说天子被废，刘备悲痛得不能自已，自己一直想要兴复汉室，但是现在连汉室都没了，还怎么去兴复？

唯一的办法就是，再建立一个汉朝。

公元 221 年四月初六，刘备在成都称帝，取年号章武，国号仍堂而皇之地称为汉。由于这是一个偏安在蜀中的政权，所以后来的历史学家们为了将它与西汉、东汉区分开来，就习惯性地称之为"蜀汉"，把三国称为"魏、蜀、吴"三国。

这导致很多人都以为，刘备政权的国号就是蜀。因此在大部分涉及三国历史的影视作品中，导演们都把刘备军队的旗子上写上一个很大的"蜀"字。

这是很可笑的。因为刘备建汉的目的就是为了向世人表明自己是大汉的延续，而不是一个偏安政权。"汉贼不两立，王室不偏安"，自己只是暂时屈居于蜀地而已，早晚要把属于大汉的天下再拿回来。

而在旗子上印了个"蜀"，无异于向世人宣告，自己的政权就是蜀。

刘备称帝的时候，已经整整六十岁了，从少年时在家中桑树下立下志向以来，半个世纪过去了。从卖草鞋开始，到破黄巾，守徐州，他辗转漂泊，寄人篱下，奔波的足迹遍布各州，奋斗的身影出现在无数个战场上。终于，迎来了今天这光辉岁月。

登上皇帝宝座的那一瞬间，他回首往事，不胜感慨。以前所熟悉的脸，现在很多都已经不在了。关羽、黄忠、法正……昔日老臣，大半已逝。

夕阳无限好，只是近黄昏。高高在上的刘备，忽然感到莫名的失落，称帝的激动情绪一下子变得平静了。

人世功名，到头来，也不过如此吧。

报仇雪恨

称帝的事情刚忙完，刘备就召集文武大臣，制定讨伐东吴的军事计划。

在他看来，关羽这个仇，必须尽快报，一天不报，他一天睡不好觉。当年兄弟生死相约共享富贵，现在兄弟死了，他一人在这安安稳稳当皇帝？这不是在打自己的脸吗？

但是，他的大臣，多数都不赞同他去打东吴。军师诸葛亮和赵云都反对他出兵。

赵云跟了刘备三十年了，他跟刘备的初衷就是觉得刘备真心想兴复汉室，而不是像其他诸侯那样怀着私心。这次刘备为了给关羽报仇，忘却公仇，置天下大义而不顾，让赵云觉得不可思议。

赵云说，国贼是曹操，不是孙权。虽然曹操死了，但是曹丕废帝自立，这事实在难忍。陛下应该屯兵渭河，先打曹魏，那样关东义士一定会骑着马带着粮食迎接我们。如果不打魏国先打吴国，两方交战，就难以停止了，不是上策，希望陛下深思。

刘备说，我不给我弟弟报仇，我当这个皇帝有什么意思？

诸葛亮知道刘备此次是势在必行，而且此行必然会失败，但自己劝也没用，就长叹一声道，如果法正活着就好了，他一定能劝阻陛下的。

对于刘备是否会出兵打孙权，魏国人也很关心。因为一旦刘备不打东吴，就要来打他们。

魏文帝曹丕召集文武大臣，对这事展开了有奖竞猜。

大部分的魏国大臣都认为刘备不会打孙权，因为蜀国国力比较弱，关羽死了之后就没名将了，国内人心惶惶，刘备没有理由再出兵。（蜀小国耳，名将唯羽。羽死军破，国内忧惧，无缘复出。）

但是刘晔却认为，刘备肯定会出兵。因为刘备跟关羽的关系，"义为君臣，恩犹父子；羽死不能为兴军报敌，于始终之分不足。"

看来全世界都知道，刘备跟关羽感情深厚，有"始终之分"，有结义之情。

刘晔说对了。

历史原来这么有趣·汉朝卷——仁义之君刘备

旧恨未消 又添新仇

公元 221 年秋，刘备亲率大军四万多人，准备出征。

由于当时五虎上将中的关羽、黄忠已经去世，马超病重不起，赵云又反对攻打吴国，所以刘备就让赵云在后面督运粮草，让正在汉中镇守的张飞率军来与他会师。

至于诸葛亮，就让他留在成都辅佐新太子坐镇后方。

在刘备的心里，为关羽复仇，就是他和张飞两兄弟的事，其他人，参与不参与都行。

但不幸的是，张飞也没能够参与进去。

众所周知，张飞是个火暴脾气。他在得知关羽的死讯之后，日夜嚎哭。大骂，骂完就喝酒，喝醉了就打人。身边的士兵，稍微有什么过错，就被他鞭打至死。

如果说关羽是"骄于士大夫而善待卒伍"的话，那张飞正好与他相反，张飞是"敬君子而不恤小人"。他对于士大夫、君子等人很敬重，但是对于这些士兵什么的，就不大看得起，经常说打就打，说骂就骂。

针对他这个性格，刘备多次叮嘱过他，让他改正。刘备说，我知道你喝完酒容易发怒，鞭打身边的士兵。打了也就罢了，还让他们在你身边，这是取祸之道。

但是张飞不改，结果，他像他二哥关羽一样，死在了自己的性格上。

得到大哥让他前去会师为二哥报仇的旨意后，张飞就让部将张达和范强去购买白布，要三军戴孝出征。张强和范达一时筹措不到那么多，就央求张飞宽限几天，张飞便将他俩痛打一顿，说如果限期不能完成任务，就拉出去斩首。

这俩人找不到那么多白布，心想肯定要被张飞打死，不如先下手为强。于是趁着张飞喝醉的时候，冲进张飞的大帐，把张飞杀了。割了头，连夜投奔东吴去了。

消息传到刘备那里，刘备又是一阵痛哭，即令大军出发，杀向东吴。要新仇旧恨一起报了。

明知不可为而为之

按照《三国演义》的记载，刘备倾全国之力，率领七十五万大军，浩浩荡荡地下江南去了。但事实上，魏蜀吴三个国家的兵力加在一起，也没有这么多。刘备刚得益州，总人口才几百万，哪来七十多万士兵？

真实的数字是，四万多。

因为刘备抽调不出太多的兵力去打仗。益州和汉中根基不稳，要花很大一部分兵力放在防守上面，而不是进攻。

俗话说，千军易得一将难求。士兵虽然不多，但只要将军水平高，打胜仗也是有可能的。

但是，这次领军的将领，水平也不高。

他们是黄权、冯习、吴班、张南、傅彤等，皆是名不见经传之辈。在三国名将排行榜上，完全找不到他们的名字。

刘备就是这样，带着几个平庸的将军，几万名普通的将士，打算夺回荆州，平定江南，为兄弟报仇。

他心里似乎也隐隐地觉得，这是不可能实现的事。纵然他派马良去请了五溪蛮夷沙摩柯带了一万人来，但总数也不过五万多人而已。

因为，东吴是很强大的。当年曹操带了那么多人来，都被东吴击败了，他带这点人马，真的没法打。

但是，明知失败，也得打，因为兄弟之仇，必须报。

火烧连营七百里

公元 222 年正月，刘备率军夺取三峡的峡口，进入东吴境地，在巴东击败吴军，占领秭归，突破东吴的第一道防线，进驻到夷陵一带。

孙权看到刘备大军来势汹汹，也非常害怕，就写信求和，刘备不答应。南郡太守诸葛瑾给刘备写信，说："陛下以关羽之亲，何如先帝？荆州大小，熟与海内？俱应仇疾，谁当先后？若审此数，易于反掌。"这论调跟赵云、诸葛亮是一致的，都在劝刘备先打曹魏，再报私仇。但是吴国人作为杀死关羽的凶手，却来议论关羽的仇该不该报，这让刘备更加反感。

孙权看求和不成，只有应战。由于上次偷袭荆州的吕蒙已经病死，东吴大将老的老，死的死，也所剩无几，状况跟蜀国差不多，孙权只好命令上次给吕蒙出主意的陆逊作为三军统帅，以韩当、徐盛、朱然、孙桓、潘璋等将领作为副将，率领五万人前去迎敌。同时又跟曹丕写信修好，避免两线作战。

陆逊到了前线之后，发现蜀军报仇心切，士气很高，就指示吴国将士们往后撤，不可出战，以避蜀军锋芒。退到猇亭的时候，陆逊把兵力集中起来，转入防守态势，准备伺机一战。

此时，蜀军已经向吴境深入了二三百公里，由于长江沿岸都是山岭，没有开阔地带可以扎营，战线又拉得这么长，刘备不得不在巫峡到夷陵一线几百里地设立了几十个营寨，连营七百里。

这一下，蜀军的兵力就被分散了。

当时已经是六月天气，吴军坚守不出，刘备每天都派人去骂阵挑战，但吴军就是死不出战。时间一长，蜀军的士气就变得低落了。正好天气又热，蜀军打又不能打，退又不能退，又在那被太阳晒，一个个叫苦连天。刘备没办法，只好下令让军队都撤到深山密林里边避暑。

陆逊看到蜀军士气不振，战线又长，后勤供应困难，而且大军又躲在密林里，觉得反攻的时刻到了。他先派了一个先遣部队进行了一次试探性攻击，摸清蜀军扎营的情况，然后命令吴军士兵，每人手持一把茅草，乘夜间突袭蜀军营寨，放火烧营。

当时正好是顺风，蜀军的营寨也都是木栅栏，顿时风助火势，整个蜀军前线营寨全部燃烧起来，蜀军大乱。吴军趁机攻击，吴将朱然率五千军杀到蜀军后部，切断蜀军退路，将蜀军包围，杀死了蜀将张南、冯习以及番王沙摩柯，然后乘胜直追，很快就占领了蜀军的四十多个营寨。

刘备慌忙遁逃，差点被吴将孙桓生擒，亏得后卫将军傅彤拼死力战，保着刘备。后来驿站人员焚毁士兵的盔甲，堵塞山道，刘备才得以逃脱。

傅彤当场战死。

刘备仓皇逃入白帝城，赵云率军前来护卫，收拢残军，得到两万多人。吴军本来打算一口气灭掉刘备，后来看到白帝城守军已经有这么多了，就主动撤军。同时陆逊也担心曹军会趁机偷袭荆州，因此急忙回师。

同时，镇守在江北以防止魏军偷袭的将军黄权，被吴国的水军切断了归路，既不能支援刘备，也不能投降吴国，只好率领八千将士投降了魏军。

黄权被魏军将领带去见曹丕。曹丕说，你现在投降于我，是仿效陈平、韩信离开项羽投奔刘邦吗？

黄权说，我备受蜀主恩遇，现在被吴军截断归路，不得已而降魏，以求活路而已，怎么敢追慕古人？

曹丕看他诚实，就封他做镇南将军，黄权坚决拒绝了。

后来有人传言，说刘备得知黄权投降，把黄权一家老小全杀了。曹丕就让黄权给家人治丧。黄权说，我与蜀主推心置腹，蜀主必定不会杀我家小。

果然，刘备得知黄权投降了魏国后，知道他是不得已，因此并没有为难黄权的家人，而是仍旧按照以往的规格发放粮米，供养他的家人。

说到底，刘备还是个仁义之君。

这就是三国时期最著名的三大战役中最后一场，夷陵之战。这场战役以刘备的惨败、陆逊的大胜而告终。

夷陵之战中蜀国出征的将领大部分都阵亡了，蜀国几万名士兵都战死沙场，几乎算得上是全军覆没。这场战役使新生的蜀国政权遭到了重创，也弱化了刘备的报仇心志，心力交瘁的刘备一病不起，此后便不再提报仇之事。他改白帝城为"永安"，意思就是打算在这里永远地住下去。由于白帝城紧邻吴国的边境线，孙权听说刘备打算长期在此停留，心里仍是很畏惧，就派使者前来求和，已到暮年的刘备也无心再战，就答应了下来。

遭此惨败，刘备羞愧难当。因为他从二十多岁破黄巾开始，就征战四方，三十多年戎马生涯，可谓是用兵老手了，没想到如今却被一个年轻小伙子打败，着实面上无光。而且关张二兄弟的大仇也没能得报，想来实在是让人伤心。

六十多岁的刘备，禁不起这种心理上的打击，卧在床上的时候，他感觉自己大限将至，时日不多了。

他拄着拐杖，强撑着身体走到殿门外，遥望远处的成都。那里是他一生的基业所在，是他人生的意义所在。那里有他的儿子，他的臣子，他的一切……

是时候跟这个世界告别了。

几天后，刘备把诸葛亮从成都召来，作临终前的后事安排，这就是著名的"白帝城托孤"。

白帝城托孤

刘备之所以选诸葛亮为托孤之臣，一是诸葛亮最有能力，二是诸葛亮很谨慎。按照诸葛亮《出师表》所言，"先帝知臣谨慎，故临崩寄臣以大事也。"

诸葛亮到了刘备的病榻前，看到刘备脸色蜡黄，形容枯槁，自己的眼泪夺眶而出。

二十年前，两人在茅庐里首次相见，刘备如鱼得水，诸葛亮如鸟归林，两人都找到了人生中最重要的同路人。从此君臣一体，共创大业。刘备时时敬重诸葛亮，诸葛亮处处维护刘备。两人的关系，较之于刘备跟关张的兄弟情谊并不浅。没有诸葛亮，刘备可能就不是蜀国之主，在赤壁之战的时候就被魏、吴两国给吞并了；没有刘备这个明主，诸葛亮空有一身才干，怕是无人能用。

此时此刻，诸葛亮看着眼前这个信任自己几十年的人，想着他快要离去，心里不由得一阵阵绞痛。

刘备让他坐到床边，艰难地伸出手来，抚摸他的后背，说："君才十倍曹丕，必能安国，终定大事。若嗣子可辅，辅之；如其不才，君可自取。"

这句话的意思就是，你的才能胜过曹丕的十倍，肯定能治理好国家。我死后，如果阿斗可以辅助，你就辅助他，如果阿斗没有能力，你就取代他吧。

诸葛亮一听，涕泪俱下道："微臣一定竭忠尽智，辅助幼主，报效陛下知遇之恩，死而后已！"

刘备泪眼婆娑地点了点头，又让二儿子鲁王刘永，小儿子梁王刘理到床前，吩咐道，我死了以后，你们要像对待我一样敬重丞相。

刘永和刘理哭着答应了。

大事安排好之后，刘备病情愈加沉重。想着还没有亲自嘱咐太子，他还有些不放心。就命人拿来笔墨，写下遗诏，教人拿给太子刘禅看。

遗诏的内容如下。

朕初疾但下痢耳，后转杂他病，殆不自济。人五十不称夭，年已六十有余，何所复恨，不复自伤，但以卿兄弟为念。射君到，说丞相叹卿智量，甚大增修，过于所望，审能如此，吾复何忧！勉之，勉之！勿以恶小而为之，勿以善小而不为。惟贤惟德，能服于人。汝父德薄，勿效之。可读《汉书》、《礼记》，间暇历观诸子及六韬、商君书，益人意智。闻丞相为写申、韩、管子、六韬一通已毕，未送，道亡，可自更求闻达。

遗诏的字里行间，满满的都是父子亲情，像是一头自知将死的老牛，充满怜爱和不舍地看着自己的牛犊，眼睛里充满了期许。"勿以恶小而为之，勿以善小而不为"，是在教刘禅要行善；"惟贤惟德，能服于人"，是在教刘禅要立德；"读汉书、礼记"等圣贤之书，是在教刘禅要有学养。种种嘱托，似乎并没有教刘禅为君之道，而都是很平常的做人的道理，且处处都体现着一个仁字。

为人者，仁为先。先修身，再齐家，再治国平天下。不修身不足以齐家，不齐家无以治国平天下。

倘若刘备不讲仁义，那以他的出身，就不可能吸引关羽、张飞这样的兄弟跟着他干，更不要说后来的诸葛亮了。

所谓修身，就是修心，是立德。而所谓的齐家，就是指妥善处理自己周围的人际关系。

只有做一个仁义的人，才能聚齐一帮同志朋友；只有处理好自己周围的人际关系，才能去治理一个国家，进而治理天下。

尤其是对于一个草根来说，更应该如此。

纵观刘备一生，他幼年丧父，无所依靠。但他志高凌云，为人仁义，待人宽厚，靠着自己的魅力，赢得了一群杰出人才的忠心。在三国那个风雨飘摇的乱世里，他历尽艰辛，百折不挠，经过几十年的奋斗挣扎，最终从一个卖草鞋的穷小子变成了一国之主。其人生历程，足以激励后人。

公元223年四月二十四日，蜀汉皇帝刘玄德驾崩于永安宫，享年六十三岁。

第八章　英雄末路　白帝托孤